Leonore Geißelbrecht-Taferner

Die Blumendetektive

Den Blumen auf der Spur von Akelei bis Vergissmeinnicht

Illustrationen: Irene Brischnik

Ökotopia Verlag, Aachen

Impressum

Autorin Leonore Geißelbrecht-Taferner
Illustratorin Irene Brischnik
Fotos Leonore Geißelbrecht-Taferner
Lektorin Uta Koßmagk
Covergestaltung PERCEPTO mediengestaltung
Layout & Satz www.designmeetsmotion.com, Tina Meffert
Druck Leo Paper Products Ltd., Heshan, China

ökotopia

ISBN 978-3-86702-386-3

Bleiben Sie in Kontakt

www.oekotopia-verlag.de

Inhalt

Vorwort

Du wandelst mit mir durch den Sonnenblumenwald,
ich halte einen Korb mit Rosen.
„Warum?", fragst du.
„Es ist Sommer," sage ich,
„man muss alles Schöne mit sich tragen, um es nicht
zu verlieren, wenn der Herbst kommt."

In memoriam Evamarie Taferner

Liebe Leserin, lieber Leser,

was wäre eine Welt ohne Blumen! Sähe sie nicht furchtbar langweilig aus? Blumen in ihrer enormen Farben- und Formenvielfalt sind einfach „das Tüpfelchen auf dem i". Und Kinder lieben Blumen!

Für mich als Kind war es immer das Schönste, einen Wiesenblumenstrauß zu pflücken. Glockenblumen, Margeriten, Hahnenfuß und Witwenblumen waren immer dabei.

Schon seit meiner Kindheit hat es mich fasziniert, was man mit Blumen sonst noch so alles machen kann: Kränze binden, Insekten beobachten, die unterschiedlichen Düfte einsaugen oder einfach damit spielen.

Unvergesslich ist für mich das Springkraut mit seinen Rühr-mich-nicht-an-Samen, die mich zur stundenlangen Absuche nach hüpfenden Samen gebracht hat oder der Schaum in den Wiesenschaumkräutern und der klebrig-feuchte Geruch des Stinkenden Storchschnabels, der mir fast unheimlich war.

Manchmal sind es nur Kleinigkeiten, die Blumen hervorbringen, und dennoch große Freude machen. Und oft sind es nur scheinbar Unscheinbarkeiten, die sehr spannend werden, wenn auf detektivische Spurensuche gegangen wird, z. B. wenn die knalligen Farben von Balkonblumen in heißem Wasser austreten.

Überall sind für Kinder interessante Blumen zu finden: auf der Fensterbank, im begrünten Innenhof, an Wegen, Straßen, Feldern und natürlich in der weiteren Natur. Besonders „blumenlieb" sind entweder sehr trockene oder feuchte Wiesen, wobei immer auf geschützte Blumen geachtet werden sollte.

„Drei Dinge sind uns aus dem Paradies geblieben: Sterne, Blumen und Kinder."

Mit diesem Zitat von Dante Alighieri, einem italienischen Dichter und Philosophen, wünsche ich Ihnen, Ihren Kindern und allen DetektivInnen spannende Entdeckungen und viel Staunen in der wunderbaren Blumenwelt.

Ihre Leonore Geißelbrecht

Einleitung

Blumen in Blumenkästen, im Topf auf der Terrasse, auf dem grünen Rasenfleck im Hof, am Weg zum Kindergarten und zur Schule oder ein bisschen weiter draußen in der Natur – alle interessanten Blumen wollen entdeckt und erforscht werden.

Die detektivische Blumen-Spürnase beginnt schon zeitig im Februar mit den Frühjahrs-Zwiebelblumen im Garten, aber auch im Wald. April bis Mai ist die Hoch-Zeit der Wiesenblumen, danach ist Feld- und Balkonblumenzeit. Heideblumen läuten den Herbst ein und noch einmal dürfen die Wiesen blühen. Blumenbeete im Garten sind normalerweise so angelegt, dass von Frühling bis Herbst immer etwas Neues erblüht. Natürlich ist der Winter die blumenlose Zeit. Es lassen sich aber fast alle Blüten verschiedenartig konservieren. Manche schaffen es sogar, bis in den Winter hinein zu blühen.

Jede Blume hat „ihre" Blütezeit, manche nur kurz (z. B. Maiglöckchen), manche länger (z. B. Mohn), manche zweimal im Jahr (z. B. Rose) oder gar das ganze Jahr über (Gänseblümchen). Das allein bewirkt, dass die Beschäftigung mit Blumen nie langweilig wird.

Zu jeder Blume lernen die Kinder in diesem Buch interessante Besonderheiten kennen. Sie werden in Form von **Notizzetteln** angeführt. Darauf werden ganz spezielle Eigenschaften und Fähigkeiten der Pflanze erklärt, z. B. der Aufbau der Blüte und ihre Verbindung zu Bestäubern, der Blütenduft, der besondere Verbreitungsmechanismus oder ihre Verwendbarkeit.

In den zahlreichen Aktionen werden diese Besonderheiten mit verschiedenen Sinnen erfasst, mit kleinen Experimenten selbst entdeckt und im übertragenen Sinn spielerisch vertieft. Bastelaktionen, Geschichten, Lieder, Kochrezepte und einfache gärtnerische Umsetzungen ergänzen die jeweiligen Kapitel.

Methodische Hinweise

Die beliebtesten Kinderblumen werden in diesem Buch, nach Standorten getrennt, behandelt. Ausgehend von der Fensterbank entfernt sich das Blumengebiet von Kapitel zu Kapitel immer weiter weg. Pro Standort werden 3-5 sehr häufig vorkommende Blumen ganz genau betrachtet, danach noch einige Pflanzen, die für Kinder zumindest durch einen Aspekt einfach interessant sind. Sie werden mit meist nur einer Aktion kurz behandelt.

Ein Steckbrief zu jeder Pflanze dient dem Kennenlernen und enthält alle wichtigen Merkmale zum Wiedererkennen der Blume und ihren Blühzeitraum.

Dann beginnt die Spurensuche: Die Blumen-Besonderheiten werden in den Notizzetteln erklärt. Sie sollten mit den Kindern besprochen werden. Ihr neu gewonnenes Wissen wird danach in diversen Aktionen in die Tat umgesetzt. Die Detektive werden im Spiel, mit Experimenten, durch Basteln, Kochen oder Gärtnern aktiv. Auswahl und Reihenfolge bleiben dabei frei.

Neben der im Buch verwendeten Gliederung nach dem Standort (Waldblumen, Wiesenblumen etc.) lassen sich die Blumen und Aktionen unterschiedlicher Kapitel zu anderen Themen zusammenfassen, z. B.: Duftblumen, Färbeblumen, Spielblumen, Nachtblumen, Zauberblumen, Blumenküche, Tierische Blumen, Märchenblumen, heilsame und giftige Blumen.

Blumen auf Fensterbank & Balkon

Ein Plätzchen auf der Fensterbank und ein kleiner Einkauf – mehr braucht es nicht, um die Welt ein bisschen bunter und spannender zu machen. Mit wenig Aufwand entstehen Mini-Gärten oder Balkon-Oasen. Solche kleinen Paradiese haben außerdem den Vorteil, dass sie ständig unter Be(ob)achtung stehen.

Stiefmütterchen – die edlen Violen

Steckbrief: Garten-Stiefmütterchen

(Viola wittrockiana)

Wo zu finden: Gärten, Parks, Fensterbänke, Friedhöfe; volle Sonne oder Halbschatten

Was ist noch besonders:

- aus Kreuzung von wilden Stiefmütterchen und anderen Veilchen-Arten entstanden
- Acker-Stiefmütterchen (Viola arvensis) mit weiß-gelber Blüte an Äckern als Unkraut wild wachsend
- Hornveilchen (Viola cornuta): gezüchtete kleine Stiefmütterchen, wie bunte Veilchen
- (Ungespritzte) Stiefmütterchen sind wie alle Veilchen essbar.

Blütezeit: Ende Februar bis Juni; Oktober bis November

NICHT JEDES VEILCHEN IST EIN STIEFMÜTTERCHEN, ABER JEDES STIEFMÜTTERCHEN IST EIN VEILCHEN. UM EINE MÖGLICHST GROSSE UND BUNTE BLÜTE ZU ERHALTEN, WURDEN GARTEN-STIEFMÜTTERCHEN AUS DIVERSEN VEILCHEN-ARTEN GEKREUZT UND GEZÜCHTET. MIT IHREN FARBEN UND IHREM WUNDERBAREN DUFT KÜNDIGEN SIE DEN FRÜHLING AN UND BESETZEN ALS ERSTES DIE BALKONKÄSTEN.

Stiefväterchen und Stiefmütterchen

Stiefmütterchen sind in unglaublich vielen Farben und Formen erhältlich. Jene mit schwarzem Inneren haben ein wildes Gesicht wie böse Stiefväterchen. Der Name Stiefmütterchen wird im Volksglauben so gedeutet: Das unterste breite Blütenblatt ist die böse Stiefmutter. Ihre eigenen Töchter sitzen jeweils zur rechten und linken Seite. Sie sehen ihrer Mutter sehr ähnlich. Die beiden oberen Blütenblätter sind die zwei Stieftöchter. Weil die Stiefmutter und ihre Töchter den Stieftöchtern alle Kraft entziehen, sind diese einfarbig und meist schwächer gefärbt.

SEHEN & SPIEL

Von Stiefeltern zum kleinen Mann

IN JEDER BLÜTE WOHNT EIN KLEINER MANN!

Alter: ab 3 Jahren
Material: Stiefmütterchenblüten mit schwarzem Inneren; evtl. Pinzette

Die Kinder betrachten gemeinsam mit der Spielleitung die Blüte des Stiefmütterchens:

Stiefväterchen: Sieht ziemlich schlecht gelaunt aus, oder? Schwarze, zusammengekniffene Augen und dichter, schwarzer Schnurrbart machen die Blüte zu einem bösen Männergesicht!

Stiefmütterchen: Stiefmutter, ihre zwei Töchter und ihre zwei Stieftöchter suchen.

Kleiner Mann: Die Mutter und ihre Töchter nach und nach entfernen; Blütenblätter dabei vorsichtig abpflücken oder mit der Pinzette abzupfen. Übrig bleibt ein sehr kleines, sitzendes Männchen. Noch deutlicher sieht man das Männlein, wenn auch die Kelchblätter (der äußere, kleine grüne Blattkranz) abgezupft werden. Das Männchen hat ein weißes Mäntelchen mit orangefarbenem Kragen an (Staubblätter). Es darf auch ausgezogen werden. Übrig bleibt ein kleines grünes Männchen (Kopf = Narbe; Körper = Fruchtknoten). Ganz genaue Betrachter erkennen seine bucklige Gestalt, seinen krummen Hals und sein süßes, spitzes Näschen!

BASTELN & BEWEGUNGSSPIEL

Stiefmütterchen-Maske

EIN BEET VOLLER BLUMENKINDER

Alter: ab 4 Jahren
Material: festes Papier; Schere; Farbstifte; Gummiband; Fotoapparat; Bastelvorlage s. S. 107

Die Maske laut Bastelvorlage ausschneiden, in Stiefmütterchen-Farben bemalen, Gummiband befestigen. Alle maskierten Kinder in einem Beet versammeln und ein Fotoshooting veranstalten.

Hinweis: Dazu passt der alte Kreistanz „(Stief)-Mütterchen, komm tanz mit mir, beide Hände reich ich dir..." (nach „Schwesterchen, komm tanz mit mir...").

BASTELN

Gepresste Violenvielfalt

SO WÄHRT DIE FREUDE AN DEN UNZÄHLIGEN FARBEN UND FORMEN DER STIEFMÜTTERCHEN NOCH LÄNGER!

Alter: ab 4 Jahren
Material: Stiefmütterchen bzw. Hornveilchen; Blumenpresse; Stärkekleister (2 EL Speisestärke in 1/2 l Wasser aufgekocht und gut verrührt); helles Seidenpapier bzw. alte Buchseiten, in kleine Teile zerrissen; Pinsel; Klarlack; alte Gläser; Marmeladengläser; Flaschen; Tontöpfe; Ostereier

Stiefmütterchen flach ausbreiten und pressen. So lange in der Blumenpresse lassen, bis sie ganz trocken sind. Sie behalten ihre Farbe sehr gut.

Die Blüten wahlweise auf Gläser, Tontöpfe, Flaschen, Teller, Ostereier etc. kleistern, entweder direkt oder zuerst eine Schicht Seidenpapier bzw. Buchseitenstücke und dann erst darauf die Blüte.

Die Ober- und Unterseite der gepressten Stiefmütterchen-Blüten vorsichtig (sehr fragil) mit Kleister bestreichen.

Zum Schutz mit Klarlack überziehen, am besten zweimal. So entstehen wunderschöne Frühlingswindlichter, Frühlingsvasen oder verzierte Töpfchen.

Geranie & Petunie – Immerblüher

Steckbrief: Geranie oder Pelargonie

(Pelargonium)

Wo zu finden: Balkon, Fensterbank, Terrasse; volle Sonne

Was ist noch besonders:

- Der richtige Name lautet Pelargonie; gehört aber zu den Geraniengewächsen = Storchschnabelgewächsen
- heimisch nur in Südafrika (Kapflora)
- hunderte Sorten durch Züchtung entstanden; Unterscheidung dabei in großblütige Edel-Pelargonien und kleinblütige, aber stark aromatisch riechende Duft-Pelargonien
- kühl und frostfrei überwinterungsfähig

Blütezeit: Mai bis zum ersten Frost

Petunie

(Petunia)

Wo zu finden: Balkon, Fensterbank, Terrasse; volle Sonne und Wärme

Was ist noch besonders:

- Nachtschattengewächs aus Südamerika
- außergewöhnliche Farbenvielfalt der Blüten – sogar gestreift
- sehr durstiger Sonnenanbeter
- wird meist nicht überwintert

Blütezeit: Mai bis zum ersten Frost

GERANIEN UND PETUNIEN SIND DIE HÄUFIGSTEN BALKONBLUMEN UND WACHSEN OFT IN EIN UND DEMSELBEN BALKONKASTEN. DURCH IHRE KNALLIGEN FARBEN UND IHRE UNERMÜDLICHE BLÜTE ZIEREN SIE BALKONE UND FENSTERBÄNKE UND SIND AUCH AUS GROSSER ENTFERNUNG EIN BLICKFANG.

EXPERIMENT & KUNST

Balkonien-Tinte

DIE BLÜTENBLÄTTER FALLEN MIT DER ZEIT AB BZW. WERDEN SCHLAPP – EINE SCHÖNE VERWERTUNG!

Alter: ab 6 Jahren
Material: dunkle Petunien bzw. Geranienblüten; Mörser; Filterpapier bzw. feines Sieb; Essig; evtl. Alaun

Eine Handvoll Blüten mörsern und mit wenig heißem Wasser übergießen. Je weniger Wasser, desto intensiver die Farbe! Beobachten, wie die Farbe in Schlieren austritt. Ziehen lassen, bis die Farbe komplett ausgetreten ist. Die Farbtöne reichen von Violett bis Purpurrosa. Mit einem zusätzlichen Spritzer Essig werden andere Farbtöne erzeugt.

Durchfiltern bzw. durch ein feines Sieb lassen. Die ausgetretene Tinte hält im Kühlschrank bis zu einer Woche. Soll sie länger halten, einen Esslöffel Alaun zufügen.

Die mit Alaun versehene Tinte lässt sich auch eintrocknen. Das gewonnene Farbpulver in kleine Döschen füllen und vor Gebrauch mit ganz wenig Wasser auflösen. Mit Balkonientinte Kunstwerke malen, Briefe schreiben...

Hinweise: Je nach Blütenfarbe fällt die Farbe der Tinte aus. Am intensivsten färben die dunkelvioletten, fast schwarzen Petunienblüten (z. B. fast schwarz – Petunia Black Ray; violett – Lavender Shades, dunkelrot – Geranie black night).

Vorsicht, heißes Wasser!

Der Duft, der aus Blättern kommt

Das „Naturparfüm" entfaltet sich am stärksten beim Reiben der Blätter zwischen den Fingern – es sind typische „Blattdufter". Je nach Sorte riechen sie nach Rose, Minze, Apfel oder Zitrone. Ganz besondere duften nach Weihrauch, Haselnuss, Cola oder Schokolade. Aus manchen Sorten werden Duftöle destilliert, z. B. das Rosengeranienöl.

RIECHEN & SCHMECKEN & FÜHLEN

Zucker & Salz

DUFTENDE BLÄTTER ZUM ESSEN UND GENIESSEN

Alter: ab 4 Jahren
Zutaten: SÜSSE GERANIENBLÄTTER: 100 g Butter; 225 g Mehl; 150 g Zucker; 1 Ei; 1 Eigelb; Rosengeranienöl; 1 Handvoll Rosengeranienblätter; Kräuterwiege, Nudelholz; Blatt-Ausstechform. BADESALZ: 1 Handvoll Duftgeranienblätter; 1 EL Geranienfarbpulver (s. „Balkonientinte", links); 100 g Meersalz

Süße Geranienbätter: Rosengeranienblätter ganz fein wiegen. Butter in Stücke schneiden. Butterstücke, Mehl, Zucker, zerkleinerte Rosengeranienblätter und evtl. 1–5 Tropfen Rosengeranienöl zu einem glatten Teigkloß vermengen, am einfachsten in einer Küchenmaschine. Kurz ruhen lassen. 3–5 mm dick ausrollen, ausstechen und 5–10 Min bei 180 °C im Ofen backen. Die Küche wird bald von Rosenduft erfüllt sein. Passen besonders gut zu (Rosen-)Tee.

Badesalz: Duftgeranienblätter und -blüten fein hacken und gut trocknen lassen. Blätter, Farbpulver und Salz gut vermischen und in ein Glas geben.

Hortensie – fast eine Papierblume

Steckbrief: Hortensie

(Hortensia)

Wo zu finden: In Töpfen und Eimern auf Terrasse, Balkon oder im Garten; Halbschatten

Was ist noch besonders?
- in Japan wild wachsend
- Amerikanische Hortensie bildet Blütenschirme so groß wie Fußbälle.
- Hortensien gibt es in Weiß, Grün, Rot, Rosa und Blau.
- Blüten färben sich in anderer Erde um.

Blütezeit: Juni bis Oktober

HORTENSIEN SIND EINFACH PRÄCHTIG! IHRE GROSSEN, SCHIRMFÖRMIGEN ODER GAR KUGELIGEN BLÜTENSTÄNDE SIND UNÜBERSEHBAR. SOGAR IM ABGEBLÜHTEN, GETROCKNETEN ZUSTAND SEHEN SIE NOCH GUT AUS UND SIND VIELFÄLTIG VERWENDBAR.

BASTELN & SPIEL

Hortensia, die schöne Primaballerina

SO SCHÖNE BLÜTEN-TUTUS!

Alter: **ab 4 Jahren**
Material: **Hortensienblütenstände (blühende oder verblühte vom Herbst); Papier; Schere; Farbstifte, dünner Draht; Bastelkleber; evtl. Farbspray in Weiß oder Rosa; Trampolin**

Den Blütenstand der Hortensie auf den Kopf stellen, den Blütenstiel mit einer Schere aufschlitzen. Einen Kopf mit Hals aus Papier zuschneiden und bemalen (evtl. Haare aus einigen Hortensienblüten). Den Hals mit etwas Kleber in den Stängelschlitz stecken. Arme (Stängelreste, kleine Zweige, Samenstände) mit Draht am Stängelkörper befestigen.

Die Ballerinas auf einem Trampolin tanzen lassen. Welche dreht sich am schönsten? Welche macht die schönsten Sprünge?

Von rosarot nach himmelblau

Hortensien färben ihre Blüten je nach Säuregrad der Erde unterschiedlich. In „normaler" Erde (pH-Wert von über 5,5) blüht die Hortensie rosa bis rot. Ist der Untergrund sauer (pH-Wert zwischen 4,0 und 4,5), blüht sie violett. Enthält er außerdem Aluminium als Spurenelement, blüht sie blau. Der Grund dafür ist der in den Blüten enthaltene Farbstoff, dessen Farbe vom pH-Wert abhängt. Weiße Sorten verändern ihre Farbe nicht.

Hinweise: Hortensienblüten müssen natürlich nicht gefärbt werden, die Blütenfarbe hält jedoch nicht ewig.

Wenn eine richtig rosige oder weiße Ballerina gewünscht ist, die Blüten zuvor mit Farbspray besprühen.

BASTELN

Vom Bäumchen, das andere Blätter wollte

AUFGRUND IHRES „PAPIERCHARAKTERS" LASSEN SICH DIE HORTENSIENBLÜTEN GANZ EINFACH BEMALEN ODER BESPRÜHEN. SEHR HALTBAR!

Alter: **ab 5 Jahren**
Material: **Hortensienblüten; wasserfeste Farben; Pinsel, Papier; Kleber bzw. Farbspray in Grün, Silber, Gold; Knetmasse**

Für die Hortensienbäumchen entweder:

- Den Blütenstand zerpflücken, pressen, bemalen und als Baumkrone auf ein Stück Papier kleben. Einen Stamm dazumalen. Das Blattwerk eignet sich gut für versteckte Tiere (z. B. Vögel, Eichkätzchen...).
- Die Blütenstände unterschiedlich besprühen. Das „Bäumchen" mithilfe eines Sockels aus Knetmasse zum Stehen bringen.

Winde – Trompetenblume

Steckbrief: Prachtwinde

(Ipomoea)

Wo zu finden: Fensterbank, Balkonkästen, in Töpfen auf der Terrasse; volle Sonne und Wärme

Was ist sonst noch besonders:
- Heimat in den Tropen
- Wilde Winden: weißblütige Zaunwinde (Calystegia sepium) und rosafarbene Ackerwinde (Convolvulus arvensis)

Blütezeit: Juni bis zum ersten Frost

DIE LEUCHTEND ROTVIOLETTEN PRACHTWINDEN SIND EINE AUFFÄLLIGE ZIERDE AUF JEDER FENSTERBANK. NACH EINFACHER SAAT RANKEN SIE SICH MIT WUNDERSCHÖNEN BLÜTENTRICHTERN SCHNELL IN HÖCHSTE HÖHEN. IHRE HEIMISCHEN VERWANDTEN SIND AUCH „FENSTERBANK-TAUGLICH“. SIE TREIBEN WIE UNKRAUT IMMER WIEDER VON SELBST NEU AUS, AUCH BEI KARGEM BODEN. SEHR PRAKTISCH FÜR BLUMENDETEKTIVE!

GÄRTNEREI & BASTELN

Hoch und immer höher

ZUSEHEN UND STAUNEN

Alter: **ab 4 Jahren**
Material: **Samenpäckchen „Prachtwinde“; Blumenerde; Draht; Bambusstangen; Bindfaden; evtl. Tonpapier, Schere, Papierdraht**

Die kohlrabenschwarzen Samen ab Mai in Erde einlegen. Innerhalb von 1–2 Wochen bilden sich große Keimblätter. Sobald die ersten Blätter austreiben, wird eine Bambusstange wichtig, damit sich die Winde hinaufranken kann. Nun lassen sich von dort aus mithilfe eines festen Fadens oder Draht die Winden in alle Richtungen spannen, z. B. rund um ein Fenster, entlang eines Balkongeländers, am Maschendrahtzaun oder als Pergola.

Hinweis: Erst auspflanzen, wenn keine Frostgefahr mehr besteht.

Variante

Papierwinde: Bevor die Winden blühen, dauert es doch einige Wochen. In der Zwischenzeit können gebastelte, bunte Papiertrichter an Blumenpapierdraht die echte Blüte ankündigen.

Eintagsblume

Eine Prachtwindenblüte öffnet sich mit Sonnenaufgang, wird mit ein bisschen Glück meist von Hummeln bestäubt und schließt sich bereits am Mittag wieder. Damit hat diese Blüte ihren Zweck erfüllt und lässt am nächsten Tag andere Blüten aufgehen. Bei trübem Wetter bleiben die Trichter geschlossen, daher werden die Winden auch Wetterpropheten genannt. Die Ackerwinde macht es ebenso, nur die Zaunwinde hat sich auf Nachtbesucher eingestellt und öffnet ihre Blüten erst gegen Abend.

SEHEN & SPIEL

Blütenwette

WESSEN BLÜTE BLUHT AUF?

Alter: **ab 4 Jahren**
Material: **blühende Winden; Wollfaden; Papier; Stift**

An zwei Schönwettertagen werden Wetten angenommen: Welche Blüte wird am nächsten Tag aufgehen? Das Wettspiel kann am Nachmittag davor beginnen. Jedes Kind markiert mithilfe eines Wollfadens und Namenskärtchens seine Tippknospe. Der nächste Morgen zeigt, wer richtig geraten hat.

Hinweis: Blüten, die bald aufgehen, haben dicke, gedrehte Knospen. Verblühte Blüten sind eingestülpt.

Weitere Balkon- und Fensterbankblumen

Löwenmaul – Maulafferl

Löwenmaul (Antirrhinum majus) wächst wild, mit rotvioletter Blüte, an alten Mauern in Mittelmeerländern. Gezüchtete Gartenformen sind grösser und in verschiedensten Farben erhältlich. Sie lieben die pralle Sonne und sind zudem tolle Beetbegrenzer.

Blütezeit: Juni bis zum ersten Frost

Experiment & Schmecken

Maul auf, Löwe oder Affe!

Fingerfood nur für Tiere?

Alter: ab 3 Jahren
Material: blühende Löwenmaulpflanzen; Kräuter-Frischkäse; Cracker

Blüte am Grund seitlich andrücken. Blüte klappt „das Maul" auseinander. Es darf auch vorsichtig ein Finger ins „Maul" gesteckt werden – Achtung, bissig! Vielleicht wird der Finger sogar ein bisschen gelb von den schlecht geputzten Zähnen des Löwen. Die Blütenform erinnert an die Mundpartie eines Affengesichts, daher wird das Löwenmaul vielerorts auch als Maulafferl bezeichnet.

Löwenmäulchen sind Hummelblumen. Die Hummel setzt sich beim Pollensammeln auf die Kronunterlippe. Durch das Gewicht der Hummel (Bienen sind zu leicht!) klappt die Unterlippe herunter, die Hummel gelangt an Pollen und Nektar und bestäubt gleichzeitig die Pflanze. Durch seitliches Andrücken werden dieselben „Gelenke" getroffen, die auch vom Hummelgewicht ausgelöst werden.

Löwenmäulchen stopfen: Löwenmaulblüten schmecken angenehm mild. Blüten aufklappen und mit einem kleinen Löffel Frischkäse füllen. Auf Crackern eine „Augenweide"-Vorspeise! Nur ungespritzte Blüten verwenden.

Fetthenne & Hauswurz – Dachblumen

FETTHENNE UND HAUSWURZ SIND BLUMEN MIT DICKFLEISCHIGEN BLÄTTERN, DIE GERNE ZUR DACHBEGRÜNUNG VERWENDET WERDEN. FETTHENNE ODER MAUERPFEFFER (SEDUM SP.; SEMPERVIVUM SP.) WÄCHST WILD AN BAHNDÄMMEN, MAUERN UND KIESDÄCHERN MIT GOLDGELBER (SCHARFER MAUERPFEFFER) ODER WEISSER (WEISSER MAUERPFEFFER) BLÜTE. HAUSWURZEN FINDEN SICH VOR ALLEM IN DER ALPENGEGEND AUF DÄCHERN, WO SIE GLÜCK BRINGEN SOLLEN. SIE SIND ABER AUCH IN BESSER SORTIERTEN GÄRTNEREIEN ERHÄLTLICH.

Blütezeit: Juni bis August

EXPERIMENT & GÄRTNEREI

Schneckenhausgärtchen

DICKBLATTGEWÄCHSE BRAUCHEN FAST KEINE ERDE!

Alter: ab 3 Jahren
Material: leere Weinbergschneckenhäuser; etwas Erde; Fetthennen oder Hauswurzen

Schneckenhäuser mit Erde füllen und Pflanzen einsetzen. Sie werden weiter wachsen. Fetthennen wachsen sogar im Herbarium weiter.

Studentenblume – einfach und unkompliziert

DIE STUDENTENBLUME (TAGETES PATULA) MIT HEIMAT IN MEXIKO UND GUATEMALA IST EINFACH UNKOMPLIZIERT IN AUSSAAT UND PFLEGE – UND FAST UNZERSTÖRBAR. JEDER ERKENNT SIE AN IHREN GROSSEN, KNALLIG GELBEN BIS ORANGEN BLÜTENKÖPFEN UND IHREM ANGENEHM SÜSSEN BLÜTENDUFT.

Blütezeit: Juni bis zum ersten Frost

EXPERIMENT & KUNST

Tagetes-Gelb

SCHÖNE GELBE FARBE GEWINNEN

Alter: **ab 5 Jahren (mit Hilfe eines Erwachsenen)**
Material: **1 Handvoll Tagetesblüten; Wasser; Kochtopf; 1 EL Alaun; Pinsel; Papier; Wolle in Weiß**

Eine Handvoll Blüten mit 250 ml Wasser aufkochen. Bald wird gelbe Farbe aus den Blütenköpfen austreten. Noch intensiver (so wie die Blütenfarbe in der Natur) und vor allem haltbarer ist die Farbe, wenn am Ende der Kochzeit das Alaun im Farbsud aufgelöst wird.

Die Farbe in ein verschließbares Glas abfüllen und als gelbe Schreibtinte verwenden oder den Farbsud z. B. für Wolle weiterverwenden. Dafür heißes Färbewasser mit der Wolle in einen großes, verschließbares Glas geben, durchschütteln und ziehen lassen. Aus weißer wird so tagetesgelbe Wolle!

Blumen rund ums Haus

An Hausecken, zwischen Plattenwegen, auf kleinen Rasenstücken, zwischen Pflasterfugen oder auf Kompostplätzen finden sich sogenannte „Kulturbegleiter". Diese Orte erleben oft Veränderung. Gänseblümchen, Löwenzahn und Klee haben sich daran angepasst und sind die dort am häufigsten vorkommenden Blumen. Und es gibt noch andere „Unkraut"-Kinder-Blumen.

Gänseblümchen – Rasenblume

Steckbrief: Gänseblümchen

(Bellis perennis)

Blütezeit: fast das ganze Jahr

JEDER KENNT SIE, JEDER MAG SIE! GÄNSEBLÜMCHEN SIND *DIE* RASENBLUMEN UND WIE GEMACHT FÜR KINDERHÄNDE. RASENMÄHER STÖREN DIE BLÜTEN NUR KURZFRISTIG, SCHON EIN PAAR TAGE SPÄTER SIND WIEDER NEUE DA. UND DAS IST SCHÖN SO, DENN DIE KLEINEN ESSBAREN „SPIEGELEIER"-BLÜTEN SIND EINE ZIERDE FÜR JEDES NOCH SO SCHÄBIGE RASENECKCHEN.

SPIELGESCHICHTE

Der Abenteuerausflug des Gänsofanten

BEI DIESEM SPIEL GEHT ES UM KLEINE FRECHE RASENELEFANTEN!

Alter: **ab 3 Jahren**
Material: **je 2 Gänseblümchen mit Blütenstiel; Rasenstück mit Gänseblümchen**

Der Gänsofant setzt sich aus einer Kinderhand und zwei Gänseblümchenblüten (= Augen) zusammen. Die Augen des Gänsofanten werden zwischen Zeige- und Mittelfinger bzw. zwischen Mittel- und Ringfinger gesteckt, sodass nur die Blüte zwischen den Fingern herausschaut. Mittelfinger zum Rüssel aufheben und die anderen Finger zu einer Faust machen. Nun erlebt der Gänsofant allerhand Abenteuer:

Er wandert durch den Rasen. (in die Hocke gehen, Handgelenk auf den Rasen setzen und mit dem Gänsofant „wandern".) *Er bewundert Gänseblümchenblüten.* (von einer Gänseblümchenblüte zur nächsten „wandern" und bei einer Blüte den Rüssel (= Mittelfinger) in die Höhe strecken.) *Er streichelt Gänseblümchenknospen.* (Mittelfinger streichelt.) *Er frisst alte abgeblühte Gänseblümchen.* (Mittelfinger zupft sie ab.) *Er begegnet einem großen Tier, z. B. einer Amsel, und versteckt sich hinter Grashalmen oder einer Blume.* (Der Gänsofant „wandert" zum Versteck und macht sich klein – Faust ganz an den Boden anlegen.) *Er ist müde vom langen Wandern und vom Essen und kuschelt sich ins warme Heu.* (Ein bisschen Rasen abzupfen, ein kleines Nest machen, Rüssel einziehen und Faust hineinlegen.)

SPIEL

Guten-Tag-Blümchen

EIN GANZ EINFACHES SPIEL AUS GROSSMUTTERS ZEITEN

Alter: **ab 3 Jahren**
Material: **Gänseblümchen; Löwenzahn**

Einen ca. 5 cm langen Löwenzahn-Stängel (ohne Blütenkopf) abpflücken. Diesen in der oberen Mitte knicken und zurückbiegen. In den vorgeknickten Stängel ein ca. 7 cm langes Gänseblümchen (mit Blütenkopf) stecken und an dessen Stängel anziehen. Dabei „Guten Tag!" sagen. Das Gänseblümchen verneigt sich dabei!

Löwenzahn – Ritzenblume

Steckbrief: Löwenzahn

(Taraxacum officinalis)

Blütezeit: April bis Juni

LÖWENZÄHNE SIND MEISTER IM BEWOHNEN UNMÖGLICHSTER ORTE WIE PFLASTERRITZEN, DACHRINNEN ODER ASPHALTLÖCHERN. DIE „ALLERWELTSBLUMEN“ LASSEN IHRE LEUCHTENDEN SONNEN MIT DER ZEIT ZU FLAUMIGEN PUSTEBLUMEN WERDEN. WIE SPANNEND!

Wo ist der Löwe?

Löwengelbe Blüten und Blätter mit spitzen Raubkatzenzähnen sind die typischen Erkennungsmerkmale des Löwenzahns, die zu seinem Namen geführt haben.

Löwenzähne haben auch Löwenkräfte, wenn es um die Besiedlung von Plätzen geht. Wenn Wiesen gedüngt werden, entwickeln sich die Löwenkräfte noch stärker. Es bilden sich regelrechte Löwenzahnwiesen.

SPIEL

Die Spur zum Löwen

WOHIN FÜHREN DIE GELBEN PFOTENABDRÜCKE?

Alter: ab 4 Jahren
Material: viele Löwenzahnblüten und -blätter; Fotokamera

Die Kinder legen (in Kleingruppen) ein Löwengesicht aus Blüten und Blättern. Sie machen das an einem versteckten Platz. Anschließend legen sie eine Spur aus gelben Pfotenabdrücken (Löwenzahnblütenköpfe), die zum Löwenkopf führt. Die anderen Kinder dürfen der Spur folgen. Je nach Alter der Kinder wird die Spur leicht oder schwieriger gelegt. Die Kinder mit dem schönsten Löwenkopf bekommen als „Belohnung“ gelbe Löwennasen (Blüte an die Nase drücken – Pollen färbt sie gelb). Nicht vergessen: Löwenköpfe fotografieren, denn am nächsten Tag sehen sie nicht mehr so schön aus!

SPIEL & FÜHLEN

Sandkastenmenü „Gasthaus Löwenzahn“

EIN MODERNES GASTHAUS, IN DEM ALLES VERWERTET WIRD!

Alter: ab 3 Jahren
Material: Löwenzahnpflanzen; Wasser; Magnolienblütenblätter o. Ä.; Sandkasten- oder ausrangiertes Küchengeschirr (Topf, Pfanne, Teller, Puddingform)

Das Spielmenü kann sich so zusammensetzen:

Schneckerlsuppe: in Wasser eingelegte Löwenzahnstängelstücke, die sich zu Schnecken aufrollen.

Spiegeleier mit vegetarischen Hühnerbeinchen und Drachenzahnsalat: Löwenzahnblütenkopf auf Magnolienblütenblatt setzen; ein Bund Löwenzahnblüten (Blüte wechselweise außen) mit Löwenzahnstängel-Schneckerl umwickeln; Salat aus Löwenzahnblättern

Asiapfanne: Löwenzahnknospen, Löwenzahnstängelstücke und zerlegte Löwenzahnblüten gut vermischen.

Vanillepudding: Löwenzahnblüten zerpflücken und mit Sand vermischen.

Geschichte

Der Kraftprotz

Aus Grossmutters Märchenbuch

Es war einmal eine wunderschöne Blumenwiese. Was war da für ein Leben! Schmetterlinge in allen Farben wetteiferten mit den Farben der Margeriten, der Glockenblumen, des Wiesensalbeis und Kaiserknopfs, der Lichtnelken und noch vieler anderer. Und die Bienen, Hummeln und Falter gaukelten und schwebten darüber hin. Darunter aber lebten viele nützliche Käferarten, Heuschrecken und Grillen. Besonders gegen Abend entstand aus dem Summen und Brummen ein Konzert und alles war in den Duft der vielen Blumen eingehüllt. Ganz am Rande, am Wiesenweg, da wuchs sehr bescheiden ein einziger Löwenzahn.

Als eines Tages ein Bauer mit seinem Güllewagen gerade vor dem Löwenzahn holperte und sich einiges von der Jauche über diesen ergoss, wurde alles anders. Es roch zwar übel und fühlte sich ein bisschen scharf an, aber im Laufe der Zeit tat es dem Löwenzahn gut. Er fühlte sich plötzlich so stark und wuchs zu einem kräftigen Löwenzahn heran. Mit der Zeit entwickelte er sich sogar zu einem richtigen Kraftprotz. Er zeugte immer mehr Nachkommen und verdrängte die zarten Blumen. Es kam auch ständig Gülle-Nachschub, weil der Bauer merkte, dass seine Kühe auf solchen Wiesen viel mehr Milch gaben. Das ließ seine Brieftasche anschwellen. Der Bauer freute sich und der dicke, fette Kraftprotz samt Großfamilie mit ihm. Aber mit der schönen bunten Blumenwiese war es leider vorbei.

Evamarie & Leonore Taferner

Sehen & Riechen & Kunst

LöwenzahnArt

Ein Ideenpool an LandArt-Ideen mit Löwenzähnen – veränderbar, erweiterbar, auf jeden Fall aber eine schöne Gruppenbeschäftigung!

Alter: ab 3 Jahren (am besten gemeinsam mit Erwachsenen)
Material: viele Löwenzahnblüten; Moos; kleiner Eimer; Schaufel; Stühlchen aus Rattan oder Eisengitter

Dotternest: „Eimergroßes" Loch graben. Eimer im Loch versenken (und damit unsichtbar machen) und mit Wasser füllen. Einen großen Strauß Löwenzähne hineingeben – fertig ist das Dotternest. Besonders schön sieht es mit Moos umrandet aus. Vorteil: hält lange frisch und der Übergang zur Pusteblume lässt sich wunderbar beobachten.
Weiche Duftpolsterung: Stühlchen aus Rattan oder Eisengitter mit Löwenzahnblüten bestücken. So dicht in die Löcher stecken, dass sich eine schön weiche Polsterung ergibt. Leider ist sie rasch vergänglich – Duft und Weichheit genießen und vorsichtig darauf setzen.

Löwenzahnmalerei: Je nach Pflanzenteil des Löwenzahns ergeben sich unterschiedliche Farben. Die Teile werden direkt auf das Papier aufgetragen. Vorschläge für das Thema: Sonne, Mond, Löwenzahnpflanzen (Löwenzahn aus Löwenzahn)

Blüte: gelb; Blüte kann die Funktion des Pinsels übernehmen
Stängelmilch: braun; zuerst durchsichtig, innerhalb kürzester Zeit Umfärbung; Stängel mit einer Schere immer wieder kürzen – dann tritt wieder neue Milch aus; Stängel tupfen oder für Flächen zerdrücken
Blätter: grün; auf Papier zerdrücken

Landart mit Löwenzahn

Löwenzähne gibt es so häufig, dass sich mit den Blüten ohne schlechtes Gewissen tolle Naturkunstwerke machen lassen. Der honigsüße Duft und die dottergelbe Farbe der Blüten werden so richtig erfahrbar. Noch dazu verändert sich die Landart mit der Zeit von gelb in flauschig-weiß.

Aus fast allen Teilen des Löwenzahns lassen sich tolle Naturfarben herstellen.

SPIEL

Kerze ausblasen

DER ÜBERGANG VON BLÜTE ZU SAMENSTAND WIRD HIER ERFAHRBAR GEMACHT. PUSTEBLUMEN SEHEN WIE DER SCHEIN EINER KERZE AUS – UND LASSEN SICH AUCH AUSBLASEN!

Alter: ab 3 Jahren
Material: fester Karton; wasserfeste Farben (Acryl); Pinsel; Bambusstab; Klebefilm; Bastelvorlage s. S. 107

Laut Vorlage aus Karton eine Kerze mit Flämmchen ausschneiden und bunt bemalen. Mittels Klebestreifen auf dem Bambusstab befestigen.

Jedes Kind darf sich einen blühenden Löwenzahn aussuchen und steckt davor seine Kerze in die Erde. Nun wird jeden Tag beobachtet, ob sich die Löwenzahnblüte verändert hat. Eines Tages ist es soweit: Die Pusteblume ist da und die „Kerze" darf endlich ausgeblasen werden. Spannend ist dabei vor allem, wer zuerst an der Reihe ist.

KREATIVES GESTALTEN

Versunkene Pusteblumen

DAS PUSTEBLUMENWUNDER EINFANGEN!

Alter: ab 6 Jahren
Material: frisch aufgegangene Pusteblumen (ältere zerfallen sofort); Tonkarton in Schwarz, Dunkelblau oder Dunkelgrün; Tapetenkleister; Pinsel; Schere

Den Kleister laut Packungsanleitung anrühren. Auf den dunklen Karton einen Kreis dick aufstreichen – genau in der Größe der Pusteblume. Die Pusteblume so in den Kleister tauchen, dass der Stängel nach oben zeigt. Den Stängel stark kürzen. Trocknen lassen.

Klee – rot und weiß

Steckbrief: Weißklee

(Trifolium repens)

Wo zu finden: Wege, Sportplätze, Rasen, Wiesen (nur Rotklee)

Was ist noch besonders:

- Bestäubung (lange Blütenröhre) durch Bienen (Weißklee) oder Hummeln (Rotklee)
- eiweißreiche Futterpflanze und Bodenverbesserer (Stickstoffsammler)

Blütezeit: April bis November

Steckbrief: Rotklee

(Trifolium pratense)

JEDES KIND KENNT KLEE, HOFFT ES DOCH AUF DER SUCHE NACH VIERBLÄTTRIGEM KLEE DAS GLÜCK ZU FINDEN. ROTKLEE UND WEISSKLEE SIND DIE HÄUFIGSTEN KLEE-ARTEN.

SPIEL

Rasenmühle

ROTKLEE GEGEN WEISSKLEE

Alter: ab 6 Jahren
Material: kleines Rasenstück; je 9 Rotklee- und Weißkleeblüten; Baumblätter; Grashalme

Aus Grashalmen und Blättern einen Mühle-Spielplan bauen. Rotklee- und Weißkleeblüten sind die Mühlesteine. „Kleesteine", die geschlagen wurden, werden gegessen. Ziemlich brutal, aber lustig!

BEWEGUNGSSPIEL

Glück verschenken

TAUFEUCHTE MORGENGYMNASTIK!

Alter: ab 4 Jahren

Klee mit den Zehen pflücken und Glück verschenken. Vielleicht ist sogar ein vierblättriges Kleeblatt dabei?

BASTELN

Glücksbringer

KLEEBLÜTEN SIND SEHR TROCKENE BLÜTEN, DIE SICH GUT ZUM BASTELN EIGNEN, OHNE DASS SIE VORHER GEPRESST WERDEN MÜSSEN.

Alter: ab 5 Jahren
Material: Rotklee; Papier; Blanko-Karten; Farbstifte; Bastelkleber

Kleine Glücksbringer oder Glückswunschkarten mit aufgeklebten Rotkleeblüten gestalten. Die Blüte wird zum wilden Glücksschwein, oder nur der Rüssel? Der Rest wird dazu gezeichnet. Falls sich keine vierblättrigen Kleeblätter finden, wird das vierte dazugeschummelt.

Dreiblättrig

Das Klee-Erkennungsmerkmal sind typisch dreiteilig gefiederte Kleeblätter. Durch Zufall oder verbunden mit längerer Suche ist vielleicht noch ein viertes dabei, das dann Glück bringen soll. Sauerkleegewächse, zu denen der zu Neujahr angebotene Glücksklee und der Wald-Sauerklee (s. „Blumen in Wald und Heide" S. 103) gehören, sind immer vierblättrig.

Was wächst noch in Pflasterfugen, Rasenstücken & neben Komposthaufen?

Nelkenwurz – Igelkraut

Nelkenwurz (Geum urbanum) ist ein eher unscheinbares Rosengewächs mit kleinen gelben Blüten und Igelfrüchten. Es wächst gerne gemeinsam mit Knoblauchrauke, Schöllkraut und Ruprechtskraut an schattigen, gestörten Plätzen und im Gebüsch.

Blütezeit: Mai bis Juni

Riechen

Wurzelduft

Gewürznelkenduft aus heimischer Wurzel – sehr geheimnisvoll!

Alter: ab 5 Jahren
Material: Grabschaufel

Nelkenwurz samt Wurzel (größtenteils eigentlich unterirdischer Stängel) ausgraben, von Erde befreien und an einem Stein oder auf Asphalt reiben. Ätherisches Gewürznelkenöl steigt in die Nase.

Igelfrucht

Ab Mitte Juni bildet die Nelkenwurz Igelfrüchte aus. Die gelben Blütenblätter fallen ab, das grüne Innere (aus zahlreichen Fruchtknoten bestehend) entwickelt sich zu einer immer größer werdenden Kugel aus vielen Samennüsschen. Jedes dieser Nüsschen ist mit einem hakig gekrümmten Griffel versehen. Wenn die „Igel" reif sind, zerlegen sie sich in die einzelnen Samen, weil sich die Griffel in Tierfellen und Kleidung verhaken. Die Samen sehen wie kleine Achtelnoten aus.

Schöllkraut – Warzenkraut

SCHÖLLKRAUT (CHELIDONIUM MAJUS) IST EIN MOHNGEWÄCHS MIT GELBEN VIERZÄHLIGEN BLÜTEN UND GRAUGRÜNEN BLÄTTERN. ES WÄCHST GERNE IN DER NÄHE VON HÄUSERN, MAUERN UND KOMPOSTHAUFEN.

Blütezeit: Mai bis Oktober

EXPERIMENT & KUNST

Leuchtstift aus der Natur

BEIM ABBRECHEN DER STÄNGEL UND BLÄTTER TRITT GELB-ORANGEFARBENER MILCHSAFT AUS.

Alter: **ab 6 Jahren**
Material: **Schöllkrautpflanzen; Schere; Papier**

Vorsicht: Alle Teile des Schöllkrauts sind giftig (Alkaloide), daher nicht in den Mund nehmen oder an die Augen bringen!

Stängel mit der Schere abschneiden und als „Leuchtstift“ verwenden. Es lässt sich damit schreiben und kleinflächig malen. Schöllkrautmilchsaft auf der Haut färbt sich braun und hilft gegen Warzen – daher auch der Name „Warzenkraut“. Der Farbstoff des Milchsaftes ist derselbe wie in den Karotten (Karotinoide).

Ruprechtskraut – Stinkender Storchschnabel

Der Stinkende Storchschnabel (Geranium robertianum) ist am besten „erriechbar“: die ganze Pflanze verströmt einen starken, unangenehmen Duft. Die grünen Teile der Pflanze färben sich im Sonnenlicht dunkelrot, die kleinen Blüten sind rosa. Die Früchte haben die Form eines Storchenschnabels. Er bevorzugt Schatten und Geröll.

Blütezeit: April bis Oktober

Sehen & Spiel

Pfahlbau

Sich optimal dem Untergrund anpassen

Alter: **ab 7 Jahren**
Ort: **unebener Standort mit Stinkendem Storchschnabel**

Die Pflanze genau betrachten und berühren: Fühlt sich aufgrund der Drüsenhaare klebrig-feucht an und riecht deshalb sehr speziell: Blattstiele der unteren (oft schon verwelkten) Blätter passen sich genau dem Untergrund an, indem sie sich nach unten biegen. Dadurch wird die Pflanze wie in einem Pfahlbau gestützt. Besonders gut sind diese Stützpfeiler auf Geröll oder Ziegelschutt mit Storchschnabelbewuchs zu beobachten.

Diese Fähigkeit lässt sich als Bewegungsspiel vertiefen: Lustige Hindernisse aufbauen. Kinder müssen sich dem Untergrund möglichst gut anpassen. Wer schafft es am besten?

Verstellbare Gelenke

Der Stinkende Storchschnabel besiedelt oft fast unmögliche Plätze wie lichtarme Höhleneingänge, steile Mauern oder bucklige Trümmerflächen. Er schafft das, weil er seine Blattgelenke verstellen kann. Einerseits, damit die Blattflächen das optimale Sonnenlicht erwischen, andererseits um sich gut abzustützen. Alte Blattstiele, die als Träger von Blättern ausgedient haben, werden als Stützpfeiler umfunktioniert, die sich dann genau dem Untergrund anpassen.

Persischer Ehrenpreis – Blauäuglein

KRIECHENDES RASENGEWÄCHS MIT HIMMELBLAUEN BLÜTEN WIE KLEINE ÄUGLEIN. BLÜHT FAST DAS GANZE JAHR ÜBER, AM STÄRKSTEN IM MAI. DA KANN ES RASENFLÄCHEN RICHTIG BLAU FÄRBEN. DER PERSISCHE EHRENPREIS (VERONICA PERSICA) IST AUS BOTANISCHEN ANLAGEN AUSGEWANDERT UND IN GÄRTEN VERWILDERT.

Blütezeit: Februar bis Oktober

SEHEN & EXPERIMENT & BEWEGUNGSSPIEL

Wasserkränzchen

WEITER WACHSENDES KRÄNZCHEN

Alter: ab 4 Jahren (mit Hilfe eines Erwachsenen)
Material: lange Blütentriebe des Persischen Ehrenpreises; evtl. Gänseblümchen; tiefer Teller; Wasser; Gießkanne

Aus den Blütentrieben ein Kränzchen flechten. Mit drei Blütentrieben wie bei einem Zopf beginnen, immer wieder einen Ehrenpreis (und eventuell auch Gänseblümchen) dazu nehmen. Hübscher zarter Kopfschmuck, der lange hält, wenn er in einen Wasser gefüllten Teller gelegt wird. Das Besondere daran: Der Ehrenpreis wächst weiter. Immer wieder Wasser auswechseln.

Hinweis: Die Blütentriebe des Ehrenpreis lassen sich leicht aus dem Rasen ziehen, weil sie sehr flach wurzeln.

Blumen im Garten

Blumengärten, sind sie auch noch so klein, erfreuen Monat für Monat durch wechselnde Blütenpracht: Den Anfang machen Krokusse, Narzissen und Tulpen, der Aprilgarten geht weiter mit Vergissmeinnicht und Akelei, der Mai mit Rosen und Pfingstrosen, der Juni mit Glockenblumen und Rittersporn, der Juli mit Lavendel und Phlox, der August mit Löwenmaul und Sonnenblume, der September mit Astern und Sonnenhut und schließlich der Oktober mit einem abschließenden Feuerwerk an Lampionblumen.

Tulpe – besonderer Kelch

Steckbrief: Gartentulpe

(Tulipa x gesneriana)
ausdauernde Zwiebelpflanze

Wo zu finden: Garten, Park

Was ist noch besonders:

- erste Gartentulpe 1554 von Istanbul nach Europa gebracht. Noch heute ist die Tulpe die Nationalblume der Türkei.
- Weltweit mehr als 8000 Tulpensorten, die meisten kommen aus den Niederlanden: gestreift, gefüllt, gefranst und vieles mehr...
- Im Mittelalter waren Tulpen so wertvoll wie Gold und Edelsteine.
- Vermehrung durch Tochterzwiebeln oder Samen

Blütezeit: März bis April

LEUCHTENDE BLÜTENKELCHE, MEIST IN ROT ODER GELB – DAS SIND GARTENTULPEN, EINE DER ÄLTESTEN UND BELIEBTESTEN GARTEN-, PARK- UND SCHNITTBLUMEN IM FRÜHLING. ROTE TULPEN BEDEUTEN IN DER BLUMENSPRACHE: „DU BIST UNWIDERSTEHLICH.“ – WIE WAHR FÜR ALLE TULPEN!

Tulpenturban

Wilde Tulpen wachsen in Zentralasien. Aus der Wildtulpe wurde die Gartentulpe gezüchtet, die Mitte des 16. Jahrhunderts aus der Türkei nach Mitteleuropa gelangte. Dort kommt auch der Name der Tulpen her. „Tülibent“ heißt im türkischen „Turban“. Die Tulpenblüte sieht den Turbanen der türkischen Sultane wirklich ähnlich, ebenso ähnelt ihre Farbe jener der damals üblichen Turbantücher vornehmer Osmanen.

BASTELN & SPIEL

Turban und Knülltulpe

SCHÖN FÜR OSTERN!

Alter: ab 5 Jahren
Material: Zeitungs- oder Seidenpapier (in Tulpenfarben); Schere; 1 kleine Schüssel

Turban: Eine Doppelseite Zeitungspapier zu einem Quadrat zurechtschneiden; das Quadrat in der Mitte falten; am offenen Rand einen ca. 5 cm breiten Streifen nach oben falten; das Papier wenden; rechte und linke Seitenkante zur Mitte falten (stoßen dann aneinander); den unteren Rand nach oben schlagen; auseinanderdrücken und aufsetzen.

Knülltulpe: Die Mitte eines Doppelblattes Zeitungspapier (bzw. Seidenpapier) um die linke Faust knüllen (bei Linkshändern um die rechte; siehe unten, 1. und 2.), von der Faust nehmen (3.); unteren Teil zu einem Stiel drehen (4.); in den „Faustteil“ von oben eine Schüssel drücken (5.).

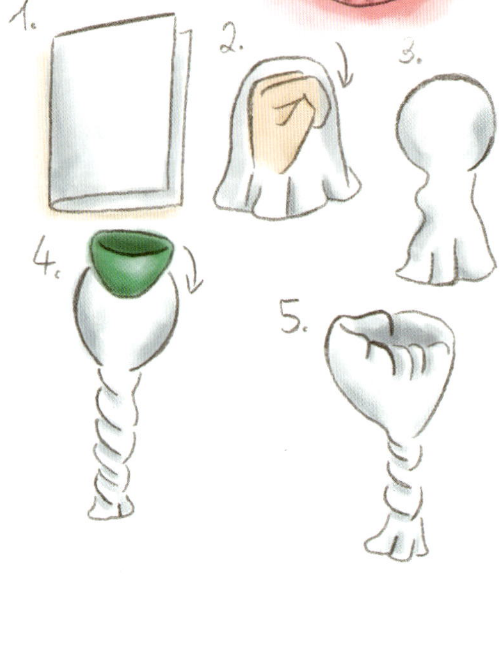

EXPERIMENT

Zaubertulpen

FARBZAUBEREI

Alter: ab 5 Jahren
Material: weiße Tulpen in Knospe; hohe Gläser; Wasser; verschiedene Lebensmittelfarben

Gläser mit Wasser und ein wenig Lebensmittelfarbe füllen. Jeweils eine Tulpe hineinstellen. Bereits nach einer Stunde ist es deutlich bemerkbar: Der Farbstoff steigt allmählich in den Adern der Blütenblätter auf. Im Laufe der Zeit färben sich die Blütenblätter in der Farbe des Wassers, weil die Blume Wasser aufsaugt. Am deutlichsten ist es bei roter Farbe sichtbar.

Außerdem wachsen die Tulpen im Glas weiter. Eine daneben aufgestellte Messlatte kann das beweisen.

Hinweis: Diese Zauberei funktioniert auch mit Schneeglöckchen oder weißen Rosen, am besten aber mit Tulpen.

Variante

Zwei- oder dreifarbige Tulpen: Tulpenstängel der Länge nach aufschlitzen (in zwei oder drei Teile); einen Stängelteil in ein Glas mit einer Farbe nach Wahl stellen, einen weiteren Stängelteil in ein Glas mit anders gefärbtem Wasser stellen. Das Ergebnis ist eine Tulpe, deren Blütenblätter 2 – 3 Farben haben.

Tulpen trinken

Pflanzen transportieren das Wasser in Röhren von der Wurzel (bei Schnittblumen von der Schnittkante des Stängels) in die Blüte.

Das Wasser verdunstet dann dort aus winzig kleinen Schweiß-Öffnungen. Das nennt man Transpiration.

Wenn das Wasser gefärbt ist, bleibt an den kleinen Öffnungen der Blume die Farbe zurück, weil diese nicht verdunsten kann.

Rose – Königin der Blumen

Steckbrief: Rose

(Rosa sp.)
winterkahler Strauch oder Hecke

Wo zu finden: Garten, Park, wild an Hecken

Was ist noch besonders:

- Man unterscheidet Wildrosen und Kulturrosen. Kulturrosen wurden fachmännisch veredelt, um die Sorte zu erhalten. Kulturrosen gibt es in unglaublicher Farben- und Formenvielfalt.
- Hagebutten, die Früchte der Rose, sind sehr gesund. Sie enthalten viel Vitamin C.

Blütezeit: Mai bis Juni, schwächer im September und Oktober

Schon seit der Antike wird die Rose als „Königin der Blumen“ und „Pflanze der Liebe“ bezeichnet. Duft und Geschmack sind ja wirklich betörend königlich. Auch in Märchen kommt die Rose oft vor, was sie für Blumendetektive besonders interessant macht.

Wo bleibt der Duft?

Rosen aus dem Blumengeschäft duften nicht. Intensiver Geruch hängt mit wenig widerstandsfähigen Blütenblättern zusammen – das macht den Transport duftender Rosen über lange Strecken schwer. Zu Gunsten weltweiter Transportfähigkeit und guten Aussehens verzichten vor allem international tätige Schnittrosenproduzenten ganz bewusst auf den Geruch. Spezielle Duftrosen hingegen finden wir unter den Kletterrosen und englischen Rosensorten. Die Damaszener Rose duftet besonders gut.

Schmecken & Riechen

Rosiges für Süßschnäbel

Die Küche wird wunderbar duften!

Alter: ab 5 Jahren (gemeinsam mit einem Erwachsenen)
Zutaten/Material: Für alle Rezepte: Rosenblätter von Duftrosen (alte englische Sorten). Kandierte Rosenblüten: Eiweiß; evtl. etwas Gummi arabicum; Puderzucker; Backpapier; Backpinsel. Rosenzucker: 150 g feiner Zucker; 1 Pckg. Vanillinzucker; Mörser; evtl. Dörrapparat; luftdichtes Gefäß. Rosenlimonade oder -tee: 100 ml Wasser; 10 g Zucker; 2 Zitronen; Kochtopf; Zitronenpresse; Sieb; Fläschchen

Kandierte Rosenblüten: Die Blütenblätter mit Eiweiß bepinseln, von beiden Seiten mit Puderzucker bestreuen, auf Backpapier gut trocknen lassen. Perfekt kandierte Rosenblüten erhält man, wenn dem Eiweiß etwas Gummi arabicum (Apotheke) beigefügt wird.
Rosenzucker: Blütenblätter entweder im Dörrapparat oder sonst in warmer Luft trocknen lassen. Sie müssen richtig „cross“ sein, sonst funktioniert das nachfolgende Mörsern nicht. 50 g getrocknete Blütenblätter mit dem Zucker und dem Vanillinzucker im Mörser fein wie Puderzucker zerreiben und in eine Dose füllen. Schmeckt fein auf Vanillekipferl, in Milchreis, Topfencreme oder Waffeln!

Hinweis: Die Blütenblätter aller Rosen sind essbar, außer sie wurden gespritzt.

Variante

Bunte Blütenzucker: Weitere Blütenzucker auf dieselbe Weise herstellen – mit Ringelblumen (gelb), Malven (lila) und Duftgeranien (grün).
Rosenlimonade oder -tee: Wasser mit Zucker aufkochen, den Topf vom Herd nehmen und eine Handvoll Rosenblütenblätter zugeben; Deckel schließen und die Mischung abkühlen lassen. Die Zitronen auspressen und in die ausgekühlte Limonade geben; Blütenblätter abseihen und die Limonade in ein Fläschchen füllen; mit Wasser verdünnt genießen. Ohne Zucker aufgekocht wird daraus Rosenblütentee, der nicht nur heilsam fürs Gemüt, sondern auch für den Darm ist. Die in den Blütenblättern enthaltenen Gerbstoffe wirken entzündungshemmend und keimwidrig.

Die Rose im Märchen

In vielen berühmten Märchen der Gebrüder Grimm kommt die Rose vor. In „Dornröschen" wächst sie zu einer unüberwindlichen Dornenhecke, die erst nach 100 Jahren für den unerschrockenen Prinz erblüht und den Weg zur schlafenden Prinzessin öffnet. Im Garten einer armen Witwe blühen zwei Rosenbäumchen, die im Aussehen – weiß und rot – ihren zwei Töchtern gleichen: „Schneeweißchen und Rosenrot". Im weniger bekannten Märchen „Fundevogel" wird das Findelkind von der Schwester in einen Rosenstock verwandelt und durch diese Tarnung vor der bösen Köchin geschützt.

SPIEL

Schneeweißchen & Rosenrot

BLUME UNTER DER SCHNUR – EIN GARTEN-SPIEL-SPASS, DER NASS MACHEN KANN!

Alter: **ab 5 Jahren; gerade Anzahl an Mitspielern**
Material: **Backblech; Gummiring; 8 weiße und 8 rosa-/rotfarbene Rosenblüten (von Kletter- oder Heckenrosen); Wasser**

Das Backblech zur Hälfte mit Wasser füllen und die Mitte mit einem eingespannten Gummiring teilen. Die Blüten gleicher Farbe werden an den Rand des Backblechs auf das Wasser gesetzt. Die Mitspieler werden in eine Schneeweißchen- und eine Rosenrot-Gruppe eingeteilt. Auf Kommando der Spielleitung versucht die Schneeweißchen-Gruppe ihre weißen Rosen durch Anblasen auf die andere Seite (Rosenrot-Seite) zu bringen, d. h. zumindest jenseits des Gummirings. Bei der Rosenrot-Gruppe natürlich umgekehrt. Welche Gruppe als Erstes seine Rosen unterhalb der Gummiring-Grenze ins gegnerische Feld geschafft hat, ist Sieger!

Hinweis: Für 2, 4 bzw. 6 Spieler reicht ein Backblech; bei größeren Gruppen sollten mehrere Bleche bereitgestellt werden und die Sieger spielen anschließend wieder gegeneinander.

BASTELN

Serviettenrose

EIN SCHÖNER ABSCHLUSS EINER ROSIGEN MÄRCHENSTUNDE!

Alter: **ab 5 Jahren**
Material: **Papierservietten in Weiß, Rosa oder Rot; Schere**

Papierserviette zur Hälfte auffalten. Am geschlossenen Rand einen ca. 1 cm breiten Streifen abschneiden. Den Rest der Serviette quer wie eine Ziehharmonika auffalten. Den Streifen vorsichtig verdrehen und um die Mitte der Ziehharmonika binden. Nun jeweils abwechselnd die linke und die rechte Seite auffächern, d. h. die Serviettenlagen auseinanderziehen. Zum Schluss die unterste Lage ebnen, damit die Rose eine schöne Form bekommt.
Hinweis: Dazu passt das zeitlos schöne Tanzlied: „Dornröschen war ein schönes Kind" (Volkstum) oder das „Märchen vom Rosenelf" zum Weiterspinnen. Die Papierservietten sollten mindestens dreilagig sein. Je größer die Serviette, desto größer natürlich die Rose. Große Servietten werden zu Pfingstrosen!

Akelei – Zauberschuh

Steckbrief: Akeleien

(Aquilegia vulgaris)
mehrjährige Halbrosettenpflanze

Wo zu finden: Garten, Park, wärmeliebende Laubwälder, zuweilen verwildert

Was ist noch besonders:

- sät sich ganz leicht von selbst aus
- Blattoberfläche kaum benetzbar, Wasser perlt in Tropfen ab

Blütezeit: Mai

Die Akelei verzaubert mit ihren Violett-Tönen und ihrer tänzerischen Gestalt jeden Garten im Mai. Die besondere Blüte macht sie zu einer magischen Blume.

Magische Blume

Die Blüte der Akelei ist geheimnisvoll: Zuerst sieht sie aus wie fünf Vögelchen, die ihre Köpfe zusammengesteckt haben. Wenn die Blüte verblüht, fallen Vögelchen in Form von kleinen Schwanzfedern und Schuhen auseinander.

Die „Schwanzfedern" sind eigentlich kronblattartige Kelchblätter, die die Bestäuber anlocken sollen. Die „Elfenschühchen" sind Kronblätter mit einem Nektar gefüllten Sporn (Schuhspitze), der Hummeln einlädt.

Sehen & Singen

Von „Fünf Vogerl zsamm" bis Elfenschuh

Einfach bezaubernd!

Alter: ab 3 Jahren
Material: knospende und blühende Akelei; evtl. Lupe

Akeleiblüte von der Knospe bis zum Abblühen betrachten:

Knospe: Fünf kleine Baby-Vögelchen sind grün und klein und dicht aneinandergeschmiegt.

Reifere Knospe: Die fünf Vögelchen sind gewachsen und haben bereits einen Farbton (lila, rosa...) angenommen, stehen aber noch ganz eng aneinandergeschmiegt.

Blüte: Fünf Vögelchen sind noch größer geworden und haben nur noch ihre Köpfe zusammengesteckt; die Spitze der Schwanzfeder ist grün geblieben.

Abblühen: Jedes Vögelchen zerfällt in zwei Teile – in ein Federblatt und in einen Elfenschuh.

Hinweis: Dazu passt das alte Kinderlied „Alle Vöglein sind schon da" mit verändertem Text in der 3. Strophe. Da wird die Akelei (im Abblühen) geschüttelt und die Hand darunter gehalten, um die Schühchen und Federblättchen aufzufangen:

1. *Alle Vöglein sind schon da, ...*

2. ...

3. *Wie sie sich verwandeln nun,*
alle Vögel, alle:
Elfenschuh und Federblatt,
schöne Farben weich und matt,
fallen da, feldaus, feldein,
in die Kinderfalle.

Gärtnerei & Bewegungsspiel

Magie verstreuen

„Menschliche Ausbreitung"

Alter: ab 3 Jahren
Ort: freies Stück Blumenbeet
Material: Akeleipflanzen (ab Mitte Juni)

Reife Samenkapseln abpflücken und als Streukapsel verwenden. Samen fallen durch Berührung heraus. Schon zu Sommerende werden die Blattrosetten aus der Erde kommen, die dann für die magische Blüte im nächsten Mai sorgen.

Dazu passt dieses Saat-Spiel, bei dem der Rücken zum Massage-Beet wird. Gebraucht werden jeweils zwei Kinder, eines dreht sich auf den Bauch, danach Rollentausch:

Zuerst suche ich mir ein schönes Plätzchen im Garten. (mit den Händen den Rücken, auch Kopf und Arme „absuchen"). *Dann hacke ich das Plätzchen zu einem schönen Blumenbeet.* (mit den Fingerspitzen vorsichtig auf den Rücken „hacken"). *Nun zupfe ich das Unkraut heraus.* (Zeigefinger und Daumen zupfen leicht am Rücken.) *Jetzt mache ich das Beet mit dem Rechen schön eben.* (Finger zu einem Rechen auseinanderspreizen und am Rücken entlang fahren). *Danach mache ich drei lange Rinnen.* (entlang der Wirbelsäule und jeweils daneben mit der Hand eine Rinne streichen). *Nun lege ich die Akeleisamen in die Rinne.* (mit dem Zeigefinger die „Rinnen" entlang tupfen). *Danach schließe ich die Rinnen wieder mit Erde.* (beide Hände entlang der Rinne zusammenstreifen lassen). *Schließlich gieße ich meine Ansaat.* (Fingerspitzen auf den Rücken „prasseln" lassen). *Und nun kommt die Sonne, die warm auf die Samen scheint, damit sie schnell sprießen.* (mit den Handinnenflächen den Rücken warmreiben).

Mondviole – Silbertaler

Steckbrief: Mondviole

(Lunaria annua)
zweijährige Pflanze

Wo zu finden?: Garten, Park, zuweilen verwildert

Was ist noch besonders:

- Im 1. Jahr bilden sich die Grundblätter, im 2. Jahr der Blütenspross.
- im östlichen Mittelmeergebiet beheimatet, bei uns als Gartenpflanze verwildert
- sät sich gerne von selbst aus, u.a. auf Bahnböschungen

Blütezeit: April bis Juli

DIE MONDVIOLE, AUCH SILBERBLATT GENANNT, IST EINE GEHEIMNISVOLLE GARTENPFLANZE. FÜR KINDER HÄLT SIE GLEICH ZWEI ÜBERRASCHUNGEN BEREIT, DIE ALLE MIT DEM NÄCHTLICHEN MOND ZUSAMMENHÄNGEN.

BEWEGUNGSSPIEL

Nektar-Fangen

NOCH SPANNENDER: IN DER NACHT IM GARTEN OHNE TUCH

Alter: **ab 3 Jahren (mindestens 10 Kinder)**
Material: **1 schwarzes Tuch zum Verbinden; evtl. Parfüm**

Einem Kind werden die Augen verbunden und es wird zum Nachtfalter ernannt. Die anderen Kinder sind Mondviolen und bilden einen Blumenkreis um den Nachtfalter. Eventuell dürfen sich die Kinder parfümieren. Das Nachtfalterkind ruft zwei Kinder aus dem Kreis auf. Diese versuchen heimlich die Plätze zu tauschen. Währenddessen spitzt der Nachtfalter seine Ohren und geht auf Nektarbeutefang: Er versucht, eines der beiden Kinder zu packen. Hat er eines erwischt, wird die Beute zum neuen Nachtfalter; hat es nicht geklappt, werden andere Namen aufgerufen.

Hinweis: Eigentlich bewegen sich ja Pflanzen nicht von der Stelle. Es könnte allerdings ein starker nächtlicher Wind aufkommen, der Nachtfalter zu Blumenfängern macht.

SEHEN & EXPERIMENT

Versilbern

WIE ES ZU DEN SILBERNEN TALERN KOMMT

Alter: **ab 3 Jahren**
Material: **Mondviole mit reifem Schötchenstand (Herbst)**

Die Kinder dürfen ein bisschen Wind spielen und schütteln am Schötchenstand. Am besten geht es bei trockenem Wetter.

Was passiert? Pro Fruchtschötchen fallen zwei Schötchenaußenwände (das sind die gräulich gefärbten, nicht durchscheinenden Taler) ab. Dabei werden die großen Samen entlassen. An der Pflanze verbleibt pro Schötchen jeweils eine silbrig glänzende Schötchenwand – der Silbertaler. Fallen beim Schütteln nicht alle Außenwände ab, mit den Händen nachhelfen – einfach die Schötchen zwischen Daumen und Zeigefinger nehmen und verschieben. Am Ende haben die Kinder die Mondviole „versilbert". Die Silbertaler können nun zum Basteln und Spielen verwendet werden.

BASTELN

Silberlinge-Vielfalt

SONNEN, KERZENLICHT ODER LAMPEN BRINGEN DIE FIGUREN ZUM LEUCHTEN.

Alter: **s. einzelne Angebote S. 43**
Material: **jede Menge Silberlinge, auch Außenwände; Bastelkleber; wasserfeste Stifte in Schwarz und Rot; Blumendraht; verschiedene Herbstblüten und Herbstfrüchte; kleine Vogelfedern; Teelicht**

Für Kinder ab 3 Jahren:

Mondgesicht: Silberlinge mit Gesicht versehen, die Augen entweder mit wasserfestem Stift aufmalen oder aus Mondviolen-Samen Augen gestalten und aufkleben. Einen kleinen Stängel für den Mund.
Schneemann: „Mondgesicht" erweitern durch zwei Silbertaler für den Körper.

Für Kinder ab 5 Jahren:

Mondtänzer: Silberling-Spitze nach oben richten – wird zum Haarschopf, mit zwei Samenaugen bekleben und in einen „Blütenkörper" stecken, der nach unten gekehrt wird – wichtig dafür ist eine Blüte bzw. ein tellerförmiger Blütenstand, der umgedreht standhaft ist, z. B. Sonnenhut, Sonnenblume, Schafgarbe, Tagetes, Fuchsie, Bärenklau, Holunder, Hortensie, Zierlauch (für Primaballerina, da besonders schönes Kleid). Für die Arme wird ein dünner Stängel durch den Blütenstiel gesteckt oder mit Draht befestigt. Zierlauch macht den Tänzer sehr beweglich.

Seltsame Mondvögel: Hier wird die Silberling-Spitze zum Vogelschnabel. Mit je einem Samenauge die beiden Seiten des Silberlings bekleben und so wie bei den Mondtänzern in einen „Körper" stecken.

Silbermünzen

Ab Juli bildet die Mondviole ihre Früchte. Zur Fruchtreife werfen die Schötchen ihre beiden Außenwände (Fruchtklappen) ab. Übrig bleibt die Zwischenwand der Schötchen: Ein auffälliges Gebilde, kreisrund und silbrig schimmernd mit einem samentragenden Rahmen. Sobald die Samen vom Wind verstreut wurden, bleiben nur die Silbermünzen zurück. Im Herbst ist die Mondviole voller Monde oder Silbertaler.

Für den Vogelkörper eignen sich z. B. Lampionfrucht, Fuchsie, Tagetes, Winden – am schönsten sind knallige Farben. Vogelschnabel eventuell rot bemalen.
Silberbrille: Aus zwei Silberlingen und kleinen Ästchen für Bügel und Verbindungsstück, die mithilfe von Draht verbunden werden. Gut verwendbar für „Silberblick"!

Für Kinder ab 7 Jahren:

Silberfenster: Silberlinge überschneidend zu einer Blume, Rosette, einem Kranz oder Stern zusammenkleben. Ergibt einen wunderschönen Fensterschmuck. Die überlappenden Bereiche machen zusätzlich schöne Leuchteffekte, wenn das Licht durchscheint. Kleine Sterne eignen sich auch gut als Christbaumschmuck.
Armreifen oder Windlicht: Silberlinge wieder überschneidend, aber hier ringförmig zusammenkleben. Als Kontrast für wenig durchsichtige Bereiche lassen sich auch die Außenwände der Schötchen mit verarbeiten.

Lampionblume – Herbstlicht

Steckbrief: Lampionblumen

(Physalis alkekengi)
ausdauernde Pflanze

Wo zu finden: Garten, Park, zuweilen verwildert

Was ist noch besonders:
- Heimat in China
- rote Fruchtbeere ungiftig, aber ungenießbar
- Eine enge Verwandte ist die Andenbeere (Physalis peruviana), auch als Physalis bezeichnet, mit wohlschmeckenden Beeren.
- vermehrt sich gerne durch lange unterirdische Ausläufer

„Blütezeit“ (eigentlich Fruchtzeit):
ab September

Ist der Lampion der Lampionblume wirklich die Blüte? Dieser Frage wird detektivisch nachgegangen. Lampionblumen wachsen wie Unkraut, bringen herrliches Leuchten in den Herbstgarten und erfreuen als Trockenblume jedes Bastlerherz.

Lampions – Blüten der Lampionblume?

Die Blüten der Lampionblume eignen sich weder zum Dekorieren noch zum Basteln im Herbst. Sie sind nämlich klein, weiß und unscheinbar und blühen im Sommer. Der Lampion wird von aufgeblasenen, zusammengewachsenen Kelchblättern gebildet. Die Blütenblätter sind um diese Zeit schon längst abgefallen. Der Lampion färbt sich mit zunehmendem Reifegrad von grün über gelb bis knallorange und umgibt die kleine, rote, ungenießbare Beerenfrucht.

Basteln

Laternenkette

Einfache und wirkungsvolle Herbstbeleuchtung!

Alter: ab 3 Jahren
Material: frische Lampions; kleine Schere; Lichterkette; Nähnadel; dünner Zwirn

Lichterkette an vorgesehener Stelle aufhängen. In die Lampions mit einer Schere in der Nähe des Stängels vorsichtig einen Schlitz machen. Die kleinen Lämpchen in die Lampionschlitze stecken.

Variante

Fenstergirlande: Ältere Kinder durchstechen Lampions am Stielansatz (dickste Stelle!) mit einer Nadel und fädeln sie auf. Lampiongirlande am Fenster aufhängen. Wenn die Sonne durchscheint, wird sie zur Lichterkette. Wichtig: Nur frisch gepflückte Lampions verwenden, bei älteren lässt sich die Nadel nicht mehr durch den trocken gewordenen Stiel stechen.

Basteln

Herbstliche Bücherzwerge

Was tun Bücherzwerge? Natürlich Bücher lesen, besonders in der dunklen Jahreszeit!

Alter: ab 5 Jahren
Material: Lampions; schöne feste Herbstblätter (z. B. von einer Birne); Pfeifenputzer in herbstlicher Farbe; Holzkugel mit Loch, ø ca. 1,5 cm; Bastelkleber; kleine Schere; wasserfeste Stifte; alte Buchseiten

Pro Männchen wird ein Pfeifenputzer benötigt. Pfeifenputzer in der Mitte halbieren: Die 1. Hälfte dient als Körper; das Ende durch die Holzkugel führen und dort „verknoten" (wird dann von Lampionhut bedeckt). Die 2. Hälfte nochmals halbieren und die Teile für Arme bzw. Bein verwenden. So oft umbiegen, bis sich eine schöne kleine Figur ergibt, d. h., bis die Länge der Gliedmaßen stimmt.

Lampion am Stielansatz rund ausschneiden, die rote Beere entfernen. Lampion als Hut auf die Holzkugel kleben. Holzkugel mit Gesicht versehen. Auf den Pfeifenputzer-Körper ein schönes Herbstblatt kleben.

Für das Zwergen-Minibuch alte Buchseiten zerschneiden und zu einem Minibüchlein falten. Dem Zwerg in die Hand klemmen und in Sitzstellung biegen. Zwerge auf Bücherregalen oder auf einem herbstlichen Büchertisch drapieren.

Sehr alte Bücherzwerge tragen einen Rauschebart, ein braunes Blattgewand und einen Adernetz-Lampionhut.

Hinweis: Diese Bastelaktion ist gut mit dem Vorlesen eines herbstlichen Bilderbuchs oder einer Zwergengeschichte kombinierbar.

Variante

Mit anderen Utensilien (kleine Äpfel, Kerzen, Herbstblumen) werden die Herbstzwerge zu Apfel-, Lichter- oder Blumenzwergen.

Gärtnerei & Experiment

Wurzelsperre

So bleibt die Lampionblume auf ihrem Platz!

Alter: ab 5 Jahren
Material: Lampionblumenpflanze; Eimer ohne Boden oder Teichfolie; Schaufel

In das vorgesehene Beet ein eimergroßes Loch graben und den Eimer dort versenken oder die Wände mit Teichfolie auskleiden. Lampionblume an dieser Stelle einsetzen. Lampionblumen mögen halbschattige Standorte.

Lampion-Bastelfreaks lassen natürlich den Eimer weg.

Experimentierfreudige Kinder können einer Lampionblume ein unterirdisches Stängelstück abschneiden und in einen Blumentopf setzen. Immer schön feucht halten. Schon nach kurzer Zeit wird eine neue Lampionblume wachsen.

Wucherer im Gartenbeet

Lampionblumen bilden Rhizome, das heißt unterirdisch wachsende Stängel, die die Aufgabe von Wurzeln übernehmen. Auch unterirdische Stängelteile können sich leicht bewurzeln und so für schnelle Ausbreitung oder gar Wucherung sorgen. Mancher Gartenbesitzer hat sich schon gewundert, warum in seinem Blumenbeet plötzlich nur noch Lampionblumen wachsen.

Was sonst noch in Gärten wächst

Tränendes Herz – Herzerlstock

DAS TRÄNENDE HERZ (LAMPROCAPNOS SPECTABILIS), AUCH HERZERLSTOCK GENANNT, STAMMT AUS CHINA UND IST EINE SEHR HÄUFIG VORKOMMENDE GARTENPFLANZE, DIE SELTEN VERWILDERT. DAS MOHNGEWÄCHS HAT UNVERWECHSELBARE HERZFÖRMIGE BLÜTEN.

Blütezeit: Mai bis Juni

SEHEN & SPIEL

Oma in der Badewanne

VOM HERZTROPFEN ZU OMA

Alter: ab 3 Jahren
Material: Tränendes Herz

Blüte genau betrachten. Sie sieht aus wie ein Herz, aus dem Tränen tropfen (Name!). Nun die Blüte auf den Kopf stellen und die rosaroten Blütenblätter auseinanderziehen: Hier ist sie, die weiße Oma in der rosaroten Badewanne!

Echtes Herzgespann – Löwenschwanz

DIE TYPISCHE BAUERNGARTENPFLANZE MIT BLÄTTERN ÄHNLICH EINES LÖWENSCHWANZES (LEONURUS CARDIACA) IST EINE ROBUSTE MEHRJÄHRIGE STAUDE, DIE SICH WIE „UNKRAUT" AUSSÄT. DAS UNKRAUT DER STILLEN WINKEL IST ABER SEHR NÜTZLICH. DIE FLAUMIG BEHAARTEN, HELLROSA LIPPENBLUMEN ZIEHEN MIT IHREM STARKEN DUFT UNZÄHLIGE BIENEN AN.

Blütezeit: Juni bis September

BASTELN & SPIEL

Steckstängel

DIE VIERKANTIGEN, HOHLEN STÄNGEL DES ECHTEN HERZGESPANNS SIND NATÜRLICHES STECKSPIELZEUG!

Alter: **ab 5 Jahren**
Material: **(Herbst-)Stängel des Herzgespanns in verschiedenen Dicken; Gartenschere**

Dicke Stängel zu ca. 10–20 cm Länge zurechtschneiden, dünne zu 3–5 cm Länge. Immer abwechselnd kurze, dünne Stängelstücke und lange, dicke Stücke zusammenstecken. Die kurzen dünnen Stängelstücke bilden das Steckglied zwischen den dicken Stängelteilen. So lassen sich meterlange Stängelschlangen zusammenstecken. Wer schafft den längsten Steckstängel?

Hinweise: Das echte Herzgespann ist als Staude in besser sortierten Gärtnereien überall erhältlich. An trockenen Gartenplätzchen wuchert es besonders gerne.

Im Herbst werden die Herzgespann-Stängel holzig und fest. Erst da sind sie wirklich gut verwendbar. Sofern sie nicht abgeschnitten werden, überwintern sie und können im Frühling gut zum Basteln verwendet werden.

Die Herzgespann-Stängel sind auch gutes Füllmaterial für Insektenhotels.

Variante

Gliederkette: Jüngere Kinder bemalen die Stängelstücke bunt mit Acrylfarbe und fädeln sie zu einer Kette auf.

Phlox – Flammenblume

Kein Sommergarten ohne Flammenblumen: Sie duften, schmecken nach Sommerferien und sind einfach schön. Die köpfchenartigen Blütenstände dieser mehrjährigen, in Nordamerika beheimateten Staude gibt es in unzähligen Farben und Sorten.

Blütezeit: Juni bis Oktober

Spiel & Riechen & Schmecken

Sommerkette ohne Nadel und Faden

Phloxblüten besitzen lange, steife Kronröhren, die sich gut zum Stecken eignen.

Alter: **ab 4 Jahren**
Material: **Flammenblume (am besten verschiedene Sorten); evtl. Fotokamera**

Blüten vorsichtig abpflücken. Kronröhre der Blüte in das „Loch“ der nächsten Blüte stecken. So entsteht eine lange Blütengirlande, die sich zu einer Kette verbinden lässt. Stehen mehrere Phlox-Sorten zur Auswahl, lassen sich auch Farbmuster machen.

Da die Kette sehr vergänglich ist, Foto machen und später aufessen – schmeckt so gut wie sie riecht!

Blumen am Wegrand

Natürliche Wegränder und steile (Straßen-)Böschungen sind fast immer trocken und das bedeutet: viele Blumen! Schon ein kleiner Spaziergang reicht, um fündig zu werden: Klee und Schafgarben im Frühling, Königskerzen und Wegwarten im Sommer, Disteln und Rainfarn im Herbst. Und mit jedem Monat ändert sich die Farbpalette.

Kratz-Disteln – Dornschönchen

Steckbrief: Gewöhnliche Kratzdistel

(Cirsium vulgare)
zweijährige Pflanze

Wo zu finden?: Wegränder, Straßenränder, Unkrautflure

Was ist noch besonders:
- im 1. Jahr dekorative Rosette, im 2. Jahr Blütenstand
- Blüten mit viel Nektar, wegen der engen Blütenröhre nur für Schmetterlinge und Hummeln erreichbar
- Nationalblume Schottlands

Blütezeit: Juni bis Oktober

KRATZDISTELN SIND WILDE SCHÖNHEITEN: DEKORATIVE BLATTROSETTEN, HONIGSÜSSE BLÜTENDÜFTE, VON SCHMETTERLINGEN UMGARNT UND ATTRAKTIVE SAMENSTÄNDE NICHT NUR FÜR VÖGEL. SO BÖSE DER NAME KRATZDISTEL AUCH KLINGT, SIE LÄSST SICH „ZÄHMEN" UND ALS ÄUSSERST FEINES BASTEL-, EXPERIMENTIER- UND SPIELMATERIAL VERWENDEN.

Was sind Disteln?

Disteln haben Dornen, sind also sehr stachelig-spitz und fast allesamt Korbblütler. Es gibt wunderschöne Disteln mit blauen kugelförmigen Blütenständen (Kugeldisteln), Riesen-Disteln (Eselsdisteln, Mariendisteln), flach am Boden anliegende Disteln (Silberdisteln) und die sehr häufigen mittelgroßen Wegelagerer – die Kratzdisteln: die kleinblütigen Acker-Kratzdisteln und die großblütigen Gewöhnlichen Kratzdisteln. Ihre Dornenfestung hindert Weidetiere am Zubeißen, ein toller Schutz. Fast alle Disteln lieben trockene Plätzchen und steile Böschungen.

BASTELN & SPIEL

Disteltheater

DER GRÜNE DISTELKOPF WIRD ZUM GESICHT, DIE LILA RÖHRENBLÜTEN ZUM HAARSCHOPF. DIESE ORIGINELLEN STABPUPPEN SIND SCHNELL GEMACHT. NOCH DAZU VERÄNDERT SICH MIT DER ZEIT IHR AUSSEHEN!

Alter: ab 4 Jahren (gemeinsam mit einem Erwachsenen)
Material: Gewöhnliche Kratzdistelblütenköpfe; Schaschlikstäbe; Einmal-Handschuhe; Bastelleim; wasserfeste Stifte; (Natur-) Material für Augen, Nase, Mund und Bekleidung (z. B. Plastilin, Wackelaugen, Rundkopf-Stecknadeln, große Blätter, Samen, Hortensienblüten ...); schwarzes Tuch

Den Holzstab in den Leim tauchen und mit der Spitze in den Distelkopf hineinbohren. Die Distelköpfe mit Gesicht und Körper bzw. Bekleidung versehen. Kleinere Distelblüten werden zu Kindern. Nach 1–2 Wochen verändern die Distelköpfe ihr Aussehen – sie werden alt: Die lila Haarschöpfe färben sich ins Braunsilbergrau, die Haare (= Samen) fallen aus.

Andere Disteln für das Disteltheater:

Wilde Karden: typisch für sehr trockene Wegränder; lassen sich toll zu Igeln verarbeiten – nur Stecknadelköpfe als Augen einstecken, fertig!
Blaue Kugeldisteln: in der Natur selten, aber immer häufiger als Gartenpflanze; geben wegen ihrer Blütenfarbe gut außerirdische Wesen mit blauen Kugelköpfen ab. **Silberdistel:** auf mageren Rasen in Alpenregionen häufig; gut verwendbar für Löwenköpfe oder als Sonne.
Mannstreu: wild nur auf Trockenrasen in warmen Regionen, aber als Gartenpflanze erhältlich; ideal als Sternfiguren.

Hinweise: Empfindliche Kinder sollten beim Basteln der Stabpuppen Handschuhe tragen. Die Disteln stechen aber nur an den grünen Teilen, nicht an den lila Röhrenblüten.

Besonders zur Geltung kommen die Distelpuppen vor einem dunklen Hintergrund (z. B. vor einem schwarzen Tuch).

Sehen & Spiel

Falscher Kaktus

Es gibt sie: Kakteen, die einfach nicht blühen wollen. Da lässt sich nachhelfen! Denn Kratzdistelblütenköpfe sehen manchen Kakteenblüten zum Verwechseln ähnlich.

Alter: ab 3 Jahren
Material: Kratzdistelblütenköpfe; Kakteen; Knetmasse; Gartenschere; kleine Blumentöpfchen mit Sand-/Erdgemisch

Knospende Ackerkratz-Blütenköpfe kranzförmig auf den Kaktus drücken.

Oder: Knospende Blütenköpfe der Gewöhnlichen Kratzdistel mithilfe einer Gartenschere abschneiden und in ein kleines Blumentöpfchen (mit Sand-/Erdgemisch) setzen. In den nächsten Tagen feucht halten und Veränderung beobachten. Was passiert? Nach drei Tagen blüht der falsche Kaktus auf.

Bewegungsspiel

Distelsitz

Hier nicht hinsetzen! In vornehmen englischen Herrenhäusern liegt eine Distel auf verbotenen Sitzgelegenheiten, um „durch die Blume" zu sagen, dass ein Hinsetzen unerwünscht ist. Wie wäre es mit einer besonderen „Reise nach Jerusalem"? Autsch!

Alter: ab 5 Jahren
Material: genauso viel Stühle und Disteln wie Mitspieler; CD-Player

Stühle in die Mitte des Raumes stellen, sodass die Kinder rund herumlaufen können. Die Spielleitung bedient den CD-Spieler. Wenn die Musik beginnt, laufen die Kinder um die Stühle herum. Wird die Musik abgeschaltet, muss sich jedes Kind einen Stuhl zum Sitzen suchen. Am Anfang ist es leicht, doch mit jeder Runde wird ein weiterer Stuhl mit einer Distel belegt – was natürlich auf die feine englische Art heißt: hier nicht hinsetzen! Zuletzt gibt es nur noch einen einzigen distelfreien Platz. Jenes Kind, das diesen Platz belegt, hat gewonnen!

Sternenregen

Disteln sind große Windverbreiter. Da sie meist ungünstige Standorte besiedeln, müssen sie das in großem Ausmaß tun, um eine Chance auf Nachkommenschaft zu haben. Ähnlich wie beim Löwenzahn sind die meisten Distelsamen Schirmchenflieger.

Die Samen der Gewöhnlichen Kratzdistel haben sehr große Fallschirme. Ihre Sinkgeschwindigkeit ist gering. Sie legen daher kilometerlange Flugstrecken hinter sich.

EXPERIMENT & SEHEN

Sternchenexplosion

ÜBERRASCHUNG!

Alter: **ab 5 Jahren**
Material: **kleine Blumentöpfe mit Sand-/ Erde-Gemisch – weiterverwendbar von „Falscher Kaktus" (s. S. 54); reife Blütenköpfe der Gewöhnlichen Kratzdistel (ab August)**

Reifen Distelblütenkopf in den Blumentopf setzen. Nicht gießen. Töpfchen an einen regenfesten Ort stellen. Jeden Tag „besuchen". Nach wenigen Tagen „explodiert" der Blütenkopf in Hunderte Samensternchen.

Hinweis: Nur Blütenköpfe im reifen Stadium verwenden, d.h. voll aufgeblüht bzw. gerade verblüht, sonst funktioniert die Sternen Explosion nicht.

BASTELN

Haftsterne

ALLES WIRD VERWERTET – VORWEIHNACHTLICHE BASTELAKTION!

Alter: **ab 4 Jahren**
Material: **herbstliche Distelblüten (bereits ohne Samen); kleine Naturmaterialien als Verzierung, z.B. Ahornnasen, Hortensienblüten, Moos, Samen; Bastelkleber; Goldspray; Tuch aus Chiffon oder Wolle**

Distelblüten auseinanderbreiten, mit Goldspray besprühen und mit Samen und anderen kleinen Naturmaterialien zu schönen Sternen gestalten.

Die Sterne haften mit ihrer Unterseite wie Klettverschluss auf Chiffon- oder Wolltüchern. Schnell wird daraus ein schöner Sternenhimmel, z.B. für die Aktion „Disteltheater", S. 53.

Rainfarn – Knopfkraut

Steckbrief: Rainfarn

(Tanacetum vulgare)
mehrjährige Pflanze

Wo zu finden: Wegränder, Straßenränder, Unkrautstellen, Schuttplätze, Ufer

Was ist noch besonders:

- Kompasspflanze: Blätter in voller Sonne senkrecht nach Süden gerichtet
- würziger Duft u.a. wegen ätherischem Öl Thujon (giftig); insektenabweisend
- Mutterkraut (Tanacetum parthenium) – enger Verwandter mit weißen Zungenblüten

Blütezeit: Juli bis September

DER WÜRZIG DUFTENDE RAINFARN IST AN SEINEN STARK GEFIEDERTEN BLÄTTERN UND GELBEN KNOPFBLÜTEN LEICHT ERKENNBAR. LETZTERE MACHEN DEN BESONDEREN REIZ FÜR KINDER AUS.

Goldene Knöpfe

Der Rainfarn trägt von Sommer bis Herbst Blütendolden mit festen knopfähnlichen Blütenkörbchen. Die Blütenknöpfe haben einen Durchmesser von max. 1 cm und enthalten ca. hundert winzige Röhrenblüten. Die Zungenblüten fehlen, sonst würden sie fast wie Gänseblümchen oder Mutterkraut aussehen. Die Blüten können auch in ihrem honiggelben Farbton (zusammen mit Alaun) färben.

SPIELEN & KUNST

Taler, Knöpfe und Tüpfel

VIELFÄLTIG VERWENDBAR

Alter: ab 3 Jahren
Material: Rainfarnblütendolden; Papier; Bastelkleber; Stempelkissen; Plakafarbe; Blanko-Karten; Seidenpapier; Stofffarbe; Tischtuch

Den Blütenstiel der Rainfarnblüten abknipsen und als Spielmaterial verwenden: Sie geben entweder Goldtaler für Puppen und Zwerge oder kleine Knöpfe ab. Mit den Knöpfen lassen sich schöne Muster legen.

Rainfarnblüten mit kurzem Blütenstiel und auf den Kopf gestellt sind als Tupfenstempel verwendbar: Blüte am Stiel nehmen, in Stempelkissen oder Farbe tauchen und damit Karten, Geschenkpapier oder Tischtücher (T-Shirts etc.) betupfen. Das Schöne an den Tüpfeln ist, dass sie in sich wieder getüpfelt sind!

BASTELN

Hänsel und Gretel

IM SEPTEMBER WERDEN DIE BLÜTENSTÄNDE DES RAINFARNS BRAUN, STEIF UND RICHTIG GUT HALTBAR. SIE GEBEN BESTES BASTELMATERIAL ALS „KLEINE BÄUME“ AB.

Alter: ab 6 Jahren
Material: Herbst-Doldenblütenstände des Rainfarns; Handbohrer; altes Buch; Cutter; Buchseiten; Leim; Streichholzschachtel

Die festen Buchaußenwände entfernen, ebenso einige Buchseiten. Das übrig gebliebene Buch an den drei nicht verleimten Seiten mit Leim bestreichen, sodass es zu einem festen Plateau wird. Mit dem Handbohrer kleine Löcher bohren. Die Löcher sollten so groß sein, dass die Stiele der Blütenstände genau darin Platz finden. Die Blütenstiele vor dem Hineinstecken in Leim tauchen. So viele Blütendolden wie möglich einsetzen, damit ein möglichst dichter Wald entsteht. Hänsel und Gretel aus Buchseiten ausschneiden und ankleben. Eventuell noch eine Hexe und ein Hexenhäuschen aus einer Streichholzschachtel dazu basteln.

Variante

Buchdeckel belassen und in das Buch (muss sehr dick sein) mithilfe eines Cutters eine ca. 3 cm tiefe rechteckige Fläche schneiden; in die Fläche den Hexenwald pflanzen; erst beim Aufschlagen tritt dann der geheimnisvolle Wald zutage. Für diese Bastelei passt neben dem erzählten Märchen auch das Lied „Hänsel und Gretel verliefen sich im Wald“.

Nacht- und Königskerzen – Kerzenblumen

Steckbrief: Nachtkerze

(Oenothera biennis)
zweijährige Pflanze

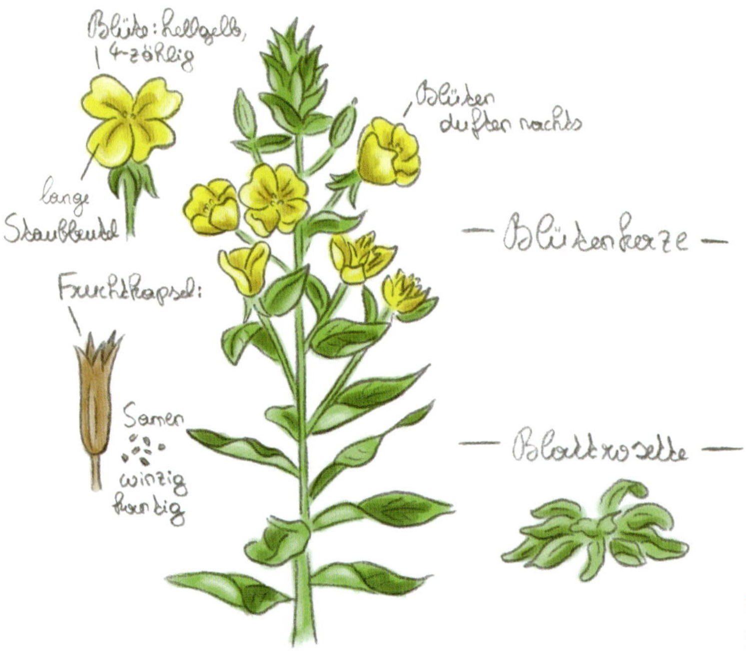

Wo zu finden: Wegränder, Unkrautstellen, Schuttplätze, Bahngelände

Was ist noch besonders:
- Um 1620 aus Nordamerika eingeschleppt, inzwischen eingebürgert
- Samen enthalten Öl, für Heilzwecke und Kosmetika verwendet
- Wurzeln essbar (ähnlich Schwarzwurzel)

Blütezeit: Juni bis August

Steckbrief: Großblütige Königskerze

(Verbascum densiflorum)
zweijährige Pflanze

Wo zu finden: Wegränder, Unkrautstellen, Schuttplätze, Ufer

Was ist noch besonders:
- dichter Haarfilz („Wolle“) dient als Strahlungs- und Verdunstungsschutz
- am Stängel herablaufende Blätter leiten Regenwasser direkt zur Wurzel
- andere häufige Königskerzenarten: Kleinblütige Königskerze *(V. thapsus)* mit gelben kleinen Blüten und Schwarze Königskerze *(V. nigrum)* ähnlich, aber mit violetten Staubfäden

Blütezeit: Juni bis August

NACHTKERZEN UND KÖNIGSKERZEN SIND ZWAR NICHT MITEINANDER VERWANDT, HABEN JEDOCH DAS AUFFALLENDSTE GEMEINSAM: IM 1. JAHR EINE BLATTROSETTE UND IM 2. JAHR EINEN KERZENARTIGEN BLÜTENSTAND MIT SCHÖNEN, ESSBAREN, GELBEN BLÜTEN. UND BEIDE LIEBEN TROCKENE, SONNIGE WEGRÄNDER.

Kerze der Nacht

Die hellgelben Blüten öffnen sich erst, wenn es dämmert, dafür aber sehr schnell. Erst nach vollständiger Öffnung entfaltet sich ihr süßer Blütenduft, der langrüsselige Insekten, z. B. Nachtschmetterlinge anlockt. Ausgelöst wird das Öffnen der Blüte durch Abkühlung. Die Blüte ist bis zum nächsten Mittag wieder verblüht.

SEHEN & RIECHEN

Blütenöffnung

DIE BLUME MIT DER SCHNELLSTEN BLÜTENÖFFNUNG (ZUMINDEST IN MITTELEUROPA) – EIN NATURSCHAUSPIEL!

Alter: ab 5 Jahren
Material: Nachtkerzen-Standort; Lupe bzw. Mikroskop; „Geduld"

Kurz vor Dämmerung Nachtkerze aufsuchen. Knospe suchen, die verdächtig nach baldiger Öffnung aussieht: sehr dick und Kelchblätter eingerissen. Die Blütenöffnung passiert in wenigen Minuten: Zunächst reißen die noch verwachsenen Kelchblätter mit leisem Knistern an den Nähten auf. Anschließend entfalten sich die eingerollten Kronblätter. Ebenso machen sich die Staubbeutel und Nektarien für Nachtschwärmer bestäubungsbereit. Staubbeutel und Narbe sind verhältnismäßig groß (ca. 5 mm) und mit Pollenkörnern besetzt, die gerade noch mit freiem Auge sichtbar sind. Noch besser zu sehen natürlich mit Lupe oder Mikroskop. Zeitgleich entfaltet sich dabei ein unwiderstehlich süßer Lockduft. Bis zum nächsten Mittag steht die Blüte noch für Bienen, Hummeln und Tagfalter bereit, dann verblüht sie.

Die Blüte darf auch verspeist werden: knackig, aber mit wenig Geschmack! Samen ebenso. Sogar die Wurzel gibt gutes Gemüse ähnlich dem Sellerie ab.

Hinweise: Die Blüten gehen erst bei Dämmerung auf, d. h., wenn die Tagestemperaturen deutlich sinken. Das bedeutet, an warmen Tagen später als an kühlen und nicht bei Regenwetter!

Die Blütenöffnung lässt sich durch vorsichtiges Wärmen mit der Hand beschleunigen.

Was sonst noch so am Wegrand wächst

Hungerblümchen – Blumenzwerg

Das Frühjahrs-Hungerblümchen (Draba verna) ist zwar winzig, aber clever. Bereits im zeitigen März bildet es mit seinen Blüten weisse Flure entlang von Wegen, Strassen und Bahndämmen. Es nutzt das volle Sonnenlicht, bevor grössere Blumen es wegschnappen.

Blütezeit: Februar – April

Sehen

Such mich!

Blümchen-Detektive unterwegs

Alter: **ab 5 Jahren**
Material: **Lupe; Grabschaufel; Blumentöpfchen; Karton; Filzstifte; Band**

Bei einem Frühlingsspaziergang entlang von Wegen, Straßen oder Bahngleisen machen sich die Kinder mit Lupen auf die Suche nach dem winzigen Blümchen. Meist wächst es nicht höher als 3 cm! Je magerer und karger der Boden, desto wahrscheinlicher das Vorkommen. Nach erfolgreicher Suche wird das tapfere Blümchen geehrt: ausgegraben, in ein Blumentöpfchen gesetzt und Blumentopf mit Tapferkeitsmedaille versehen.

Schafgarbe – Tausendblatt

Der weiss blühende Korbblütler mit den feingliedrigen Blättern ist einer der häufigsten Wegbegleiter. Schafe fressen zwar gerne die Blätter der Schafgarbe (Achillea millefolium), lassen aber die Blütenstände stehen, was auf Schafweiden recht lustig aussieht.

Blütezeit: fast durchgehend, am stärksten Mai – Juni

Schmecken

Schafzungen mit Weglimonade

Sehr würzig!

Alter: ab 3 Jahren (gemeinsam mit einem Erwachsenen)
Zutaten: Schafzungen: junge Schafgarbenblätter (ältere schmecken bitter); Pfannkuchenteig; Olivenöl.
Weglimonade: je 1 Handvoll Gierschblätter, Gundelrebenranken und Schafgarbenblüten; 1 Zitrone; 1 l Apfelsaft; Mineralwasser

Schafzungen: Schafgarbenblätter kurz abbrausen, gut abtropfen, in Pfannkuchenteig tauchen und in Olivenöl ausbacken.
Weglimonade: Zitronenscheiben, Schafgarbenblüten, Gundelrebenranken und Gierschblätter kurz abbrausen und abtropfen lassen. In einen mit Apfelsaft gefüllten Krug geben und über Nacht im Kühlschrank durchziehen lassen. Vor dem Genießen mit Mineralwasser aufspritzen.

Variante

Schafgarbentee aus getrockneten Blüten und Blättern herstellen – hilft gegen Bauchweh.

Seifenkraut – Waschblume

Das rosa-weiss blühende Nelkengewächs (Saponaria officinalis) liebt Schuttplätze und Dämme, besonders gerne entlang von Flüssen. Die Blüten duften vor allem nachts und locken Nachtfalter an. Das Innere der Blume sorgt für eine fühlbare Überraschung.

Blütezeit: Mai bis Oktober

Fühlen

Waschblume

Ganz natürliche Seife

Alter: **ab 3 Jahren**
Material: **Seifenkraut (ganze Pflanze); warmes und heißes Wasser; 1 Ei; 1 Zitrone**

Seifenkraut zwischen die Hände nehmen und mit warmem Wasser verreiben. Schon bald wird sich grüner Seifenschaum bilden und die Hände werden wunderbar sauber.

Warum? Seifenkraut enthält Saponide, das sind Stoffe, die im Wasser Schaum bilden. Früher wurde das ganze Kraut samt Wurzel ausgekocht, damit es viel Schaum gab und die Wäsche sauber wurde. Den höchsten Anteil an Saponiden enthalten die Wurzelstöcke.

Variante

Seifenkrautshampoo: Ältere Kinder stellen sich aus Seifenkraut selbst Haarshampoo her: Sie kochen mithilfe der Spielleitung 2 EL frisch geschnittenes Seifenkraut mit 1/2 l Wasser auf. Abkühlen lassen; 1 Eigelb und 1 EL Zitronensaft zugeben und gut verrühren.

Wegwarte – Blume des Weges

BLAUE AUGEN AUF SPARRIGEN GRAUGRÜNEN STÄNGELN SIND TYPISCH FÜR DIE GEMEINE WEGWARTE (CICHORIUM INTYBUS), STÄNDIGER BEGLEITER AN WEG- UND STRASSENRÄNDERN IM SOMMER.

Blütezeit: Juni bis August

SEHEN & FÜHLEN

Hartes Leben

BESTENS ANGEPASST

Alter: ab 5 Jahren
Ort: Standort mit Wegwarten

Wegwarte besuchen und betrachten. Was fällt auf? Wie schafft sie das harte Leben?

- Die Pflanze ist sehr sparrig: die Stängel stehen in alle Richtungen ab, so hält sie sich andere Pflanzen „vom Leib".

- Die Stängel sind sehr hart: weder zu knicken, noch zu brechen oder abzupflücken.
- Die Blüten sind zwar schön, schmecken aber sehr bitter (nur als Zierde für Salat etc.).
- Wurzel: früher für Zichorienkaffee angebaut (Kaffeeersatz), sehr, sehr bitterer Kaffee.

GESCHICHTE

Sage vom hartnäckigen Mädchen

NACH VOLKSTUM

Es war einmal ein Mädchen mit himmelblauen Augen, das auf ihren Liebsten wartete. Dieser war im Krieg und kam und kam nicht zurück. Das Mädchen weinte sich die Augen aus. Statt ihrer schönen blauen Augen hatte es jetzt rote! Die Nachbarn trösteten das Mädchen und meinten: „Weine doch nicht mehr! Du findest bestimmt bald einen anderen!" Das Mädchen aber antwortete: „Ehe ich zu weinen aufhöre, möchte ich lieber eine Blume werden." Da erbarmte sich eine gute Fee und verwandelte das Mädchen in eine Blume mit wunderschönen, himmelblauen Blüten. Und als die steht sie noch heute hartnäckig am Wegrand und wartet noch immer auf ihren Liebsten.

Blumen auf der Wiese

Bunte, artenreiche Blumenwiesen sind aufgrund von Überdüngung und frühzeitigem Mähen selten geworden. Manche Blumen haben sich aber daran angepasst. Dazu gehören (neben dem Löwenzahn, der ja genauso gerne rund ums Haus wächst) Wiesenschaumkraut, Wiesenkerbel, Wiesenmargerite und Hahnenfuß. Sie alle und noch einige mehr zaubern wechselweise bunte Farbtupfer und Detektivspaß auf die grünen Flächen, die sonst furchtbar langweilig wären.

Wiesenschaumkraut – Schaumblume

Steckbrief: Wiesenschaumkraut

(Cardamine pratensis)
ausdauernde Pflanze

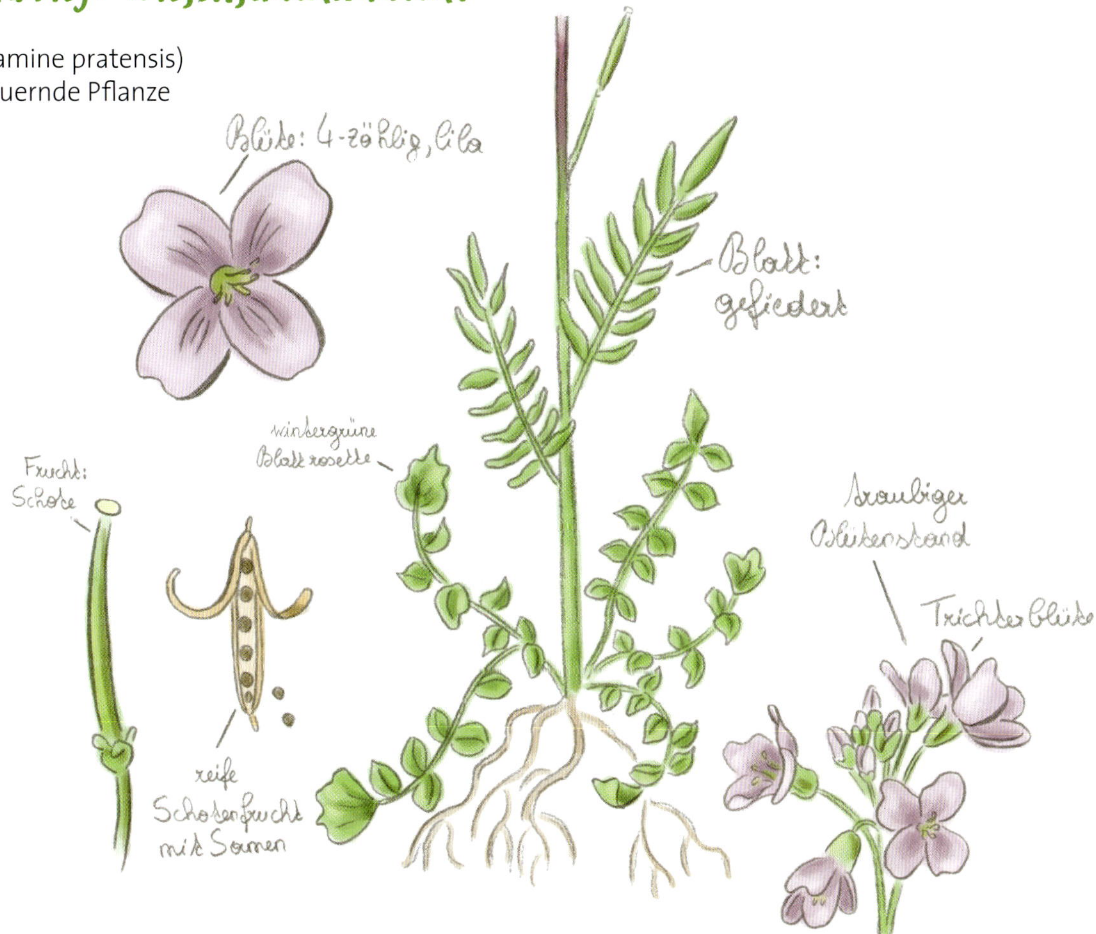

Wo zu finden?: Park, eher feuchte Wiesen

Was ist noch besonders?:

- Bei Regen oder Dämmerung schließen sich die Blüten, die Blütenstiele krümmen sich und die Schaumkräuter nehmen eine nickende Stellung ein.
- Reife Fruchtschoten lassen ihre Wände explosionsartig aufreißen und die Samen bis 2 m weit verstreuen.
- Die Blätter der Schaumkräuter sind vor der Blüte essbar, die Blüten sowieso.

Blütezeit: April bis Mai

DAS WIESENSCHAUMKRAUT IST AN SEINER ÜBERAUS ZARTEN GESTALT AUF FRÜHLINGSWIESEN LEICHT ERKENNBAR. DAS ZWEIERLEI SCHAUMIGE WESEN MACHT DIE BLUME BESONDERS INTERESSANT FÜR DETEKTIVE!

Paradies-Wiese

Wiesenschaumkräuter überziehen Wiesen im April mit einem zartlila Blütenschleier. Weil Wiesenschaumkräuter höher wachsen als alle anderen Wiesenblumen und -gräser um diese Zeit, wiegt sich ihr Schleier noch dazu im Wind. Zusammen mit blühenden Apfelbäumen (Streuobstwiese) und Löwenzähnen fügt sich das Ganze zu einer Wiese wie im Paradies oder in einem impressionistischen Gemälde. An windigen Tagen kann es von weitem so aussehen, als ob die Wiese mit Schaum bedeckt wäre.

SEHEN

Zart aber standfest

ZART UND GLEICHZEITIG STANDFEST – IST DAS NICHT EIN WIDERSPRUCH? IN DIESER AKTION WIRD DIESEM RÄTSEL AUF DIE SPUR GEGANGEN.

Alter: ab 6 Jahren
Ort: Wiese mit blühendem Wiesenschaumkraut

Wiesenschaumkraut im Wind beobachten bzw. fest anpusten. Es pendelt hin und her. Da die Blüten alle am Stängelende in einer Art Traube zusammenstehen, wird das Pendeln besonders auffällig. Niemals würde es abbrechen. Warum? Schaumkräuter besitzen hohle Stängel, die für Stablilität sorgen. Außerdem sind sie durch ihr Rhizom, das sind kriechende Stängel mit Wurzelfunktion, gut verankert und damit standfest.

BEWEGUNGSSPIEL

Schaumkraut im Wind

FÖRDERT GEGENSEITIGES VERTRAUEN

Alter: ab 6 Jahren, mindestens 6 Kinder

Ein Kind ist das Wiesenschaumkraut und kreuzt die Arme vor der Brust. Alle anderen Mitspieler bilden einen engen Kreis um das Wiesenschaumkraut.

Das Wiesenschaumkraut-Kind lässt sich in irgendeine Richtung fallen und wird von den anderen Kindern mit vorgestreckten Armen aufgefangen und sanft in eine andere Richtung geschubst. Nach einer gewissen Zeit wird gewechselt.

Wiesenkerbel – Hundspetersilie

Steckbrief: Wiesenkerbel

(Anthriscus sylvestris)
ausdauernde oder zweijährige Pflanze

Wo zu finden: Fettwiese, (Straßen-)Böschung

Was ist noch besonders:
- Karotten-Petersiliengeruch beim Zerreiben als wichtiges Bestimmungsmerkmal
- Wiesenkerbel ist essbar. Er besitzt ein ähnliches Aroma wie Karotten und eignet sich gut zum Würzen von Suppen.
- Wächst gerne zusammen mit Scharfem Hahnenfuß
- Der Same wird von Weidetieren aufgenommen und gelangt mit dem Dung wieder zurück auf die Wiese.

Blütezeit: April bis Juli

Es gibt viele weißblühende Doldengewächse auf Wiesen, aber der Wiesenkerbel ist der Erste! Die kräftige Blumenstaude ist reichlich vorhanden, wächst sie doch bis zum Straßenrand. Und das ist gut so, denn sie ist äußerst brauchbar für Spielereien.

Der weiße Hund

„Der weiße Hund muss dreimal durch die Wiesen laufen, dann ist es gut!" Gemeint sind dabei die weißen Wiesenkerbel- und Wiesenschaumkraut-Wiesen im April, die Margeritenwiesen im Mai und die Wiesenbärenklau-Wiesen im Juni. Erst dann sollte der Bauer mit seiner Sense kommen. Heute macht es die Mähmaschine und das leider schon im Mai, wenn die Samen noch gar nicht ausgesät wurden – einer der Gründe, warum bunte Blumenwiesen so selten geworden sind. Den frühblühenden Wiesenkerbel betrifft es aber nicht. Er liebt überdüngte Wiesen und ist somit ein Stickstoffzeiger.

Basteln & Spiel

Kerbelzwerge

Honigsüßer Blütenduft umgibt gut getarnte kleine Wesen.

Alter: ab 3 Jahren (mit Hilfe eines Erwachsenen)
Material: große (!) Wiesenkerbelpflanzen; Gartenschere; Bindfaden; Wäscheleine mit Klammern; Fotokamera

Für eine Verkleidung als Kerbelzwerg die Kerbelpflanze oberhalb der Gabelung abschneiden und auf den Kopf stellen: **Zwergenhut:** Jeweils in den Gabelstücken Kerbelblütenteile einflechten oder dazubinden. Den nun nach unten gerichteten entstandenen Blütenbausch zu einem Bart zusammenbinden. Für den Schnurrbart ein paar Blüten verbinden. Noch besser getarnt ist der Kerbelzwerg mit zusätzlichen Blütenkränzen auf dem Kopf, um den Bauch sowie an Armen und Beinen. Dafür 3 – 10 cm lange Blütenteile nehmen, zu einem Zopf flechten, immer wieder Blüten einflechten und zuletzt verbinden.

Ein Kind darf sich als Kerbelzwerg verkleiden. Nach Fangen- bzw. Versteckspiel (gut getarnt in der Wiese) wird gewechselt.

Variante

Blumen-Durchgucker: Blütenkranz bzw. Kerbelzwergverkleidung an eine Wäscheleine hängen. Die Kinder gucken mit dem Kopf durch. Ein Foto machen! Die Durchgucker sind auch gut für die Aktion „Blasrohr" (s. S. 69) weiterverwendbar.

Hohl und gefurcht

Der Stängel des Wiesenkerbels ist hohl, gerillt und gegen die Wurzel hin rot überlaufen. Je größer die Pflanze, desto dicker der Stängel. Wiesenkerbelpflanzen können eine Höhe von 1,5 m erreichen. Die unterschiedlichen Dicken und die Hohlheit der Stängel machen sie zu einem tollen Bastel- und Spielmaterial. Die unterschiedlich dicken und hohlen Stängel riechen beim Zerschneiden stark nach Karotte.

BASTELN & SPIEL

Blasrohr

WER WIRD KERBELKÖNIGIN?

Alter: ab 5 Jahren
Material: Wiesenkerbelstängel in verschiedenen Dicken; Holzbrett; Messer

Basteln: Ein Blasrohr besteht aus einem dicken, ca. 10 cm langen Stängelstück mit ca. 2 – 3 cm Durchmesser, das nach beiden Seiten offen ist, d. h. ohne Knoten. Die Patronen sind halb so lang und haben einen Durchmesser von 5 – 10 mm. Wichtig ist, dass die Stängelstücke leicht ineinanderpassen, d. h. die Patrone muss gut durch das Blasrohr rutschen können. Mehrere Patronen vorbereiten.

Spiel: Die vorbereiteten Patronen in das Blasrohr stecken und fest in das eine offene Ende des Rohrs hineinblasen. Die Patrone wird in weitem Bogen herausschießen. Besonders interessant wird es, wenn durch ein bestimmtes Ziel, z. B. Kerbelblütenkranz (s. „Kerbelzwerge – Blumen-Durchgucker“, S. 68) geschossen wird. Für ältere Kinder den Kerbelblütenkranz in drei verschiedenen Größen als Zielscheibe anbieten. Welches Kind schafft die meisten Zielschüsse? Es wird KerbelkönigIn und bekommt den Kranz aufgesetzt.

BASTELN & SPIEL

Die wilden Kerbelkerle

KLEIN UND WILD!

Alter: ab 3 Jahren (mit Hilfe eines Erwachsenen)
Ort: Wiesenkerbel-Wiese
Material: Grabschaufel; Holzbrett; Messer; Zahnstocher; Bambusstäbe

Kerbelpflanze ausgraben, unteren Stängelteil mitsamt Wurzel abschneiden und waschen. Andere Stängelteile in unterschiedlich lange Stücke schneiden.

Das Wurzelstück wird zum Kopf, die kleinen Wurzeln daran zu wilden Haaren; Arme aus langen dünnen Stängelstücken, Augen aus kurzen dicken Stängelstücken; Körper mittels Bambusstab in die Erde stecken.

Varianten

Blühender Obstbaum: Kerbelblütendolden zu einem Strauß zusammenfassen und in ein dickes Kerbelstängelstück stecken; Stängelstück wieder mithilfe eines Bambusstabes in die Erde stecken. Sieht aus wie ein blühender Obstbaum. Damit lässt sich eine zwergenhafte Obstbaumwiese gestalten. Dürfen da die wilden Kerbelkerle hinein?
Extravagante Blumenvase: Stängelstück so abschneiden, dass es nur auf einer Seite offen ist und ins Wasser stellen. Mit einer schönen Blume befüllen.

Margerite – weiße Wucherblume

Steckbrief: Wiesen-Margeriten

(Leucanthemum vulgare)
mehrjährige krautige Pflanze

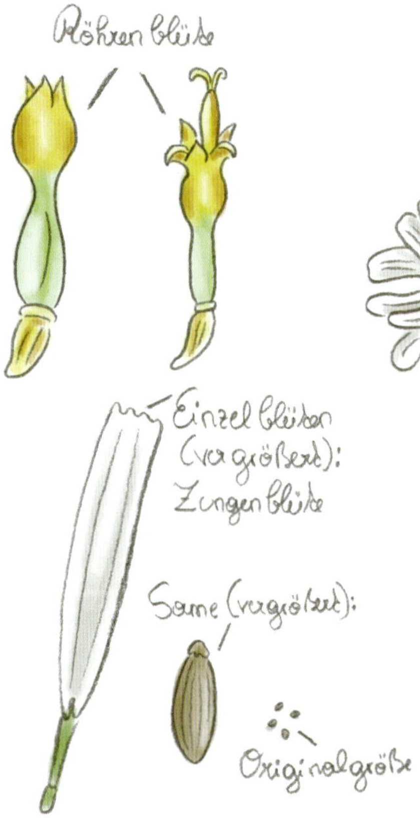

Wo zu finden: nährstoffreiche Wiesen und Weiden

Was ist noch besonders:
- unangenehmer Geruch beim Verwelken der Blume
- Pionierblume bei Wiesen-Neuansaaten

Blütezeit: Mai bis Juni

Wiesen-Margeriten könnte man am besten als „große Gänseblümchen" bezeichnen. Farbe und Aufbau der Korbblüte ist ähnlich, alles nur fünfmal größer. Diese „Handfestigkeit" lässt einiges mit ihr zu.

Weiße Blume der Barmherzigkeit

Anfang des 20. Jahrhunderts feierte man den Margeritentag mit der Margerite als Symbol für die Barmherzigkeit: Alle Straßen wurden mit Margeriten geschmückt, weiße Kleider getragen und mit Margeriten verziert und Stoff- bzw. Papierblumen in Form von Margeriten verkauft. Die Einnahmen wurden für die Verbesserung der Kinderkrankenpflege in Krankenhäusern verwendet.

Basteln

Margeritenkunst

Margeriten falten, stempeln, flechten – das wäre was für einen Margeritentag in kleinem Rahmen!

Alter: **ab 5 Jahren**
Material: **alte Prospekte oder Bücher; Schere; Klebstoff; Schaschlikstab; Acrylfarbe in Grün, Pinsel; Stempelkissen; Papier; viele Margeriten; Blumendraht**

Faltmargerite: Zwei Prospekt- oder Buchseiten herausreißen und wie eine Ziehharmonika falten. Die beiden entstandenen Streifen auf die Hälfte zusammenfalten. Die Enden in Form eines halben Blütenblattes zurechtschneiden. Die offenen Kanten zusammenkleben – man erhält nun zwei gefaltete Halbkreise. Die beiden Halbkreise zu einem ganzen Blütenkreis an den Kanten zusammenkleben. Den Holzstab grün anmalen und in eine Faltbucht kleben. Röhrenblüten ausschneiden und in der Mitte aufkleben.

Stempelmargerite: Margerite am Stängel nehmen und in ein Stempelkissen drücken; ergibt schöne Blütenabdrücke auf Karten, Briefpapier etc.; ältere Kinder können Druckerschwärze verwenden – da werden die Abdrücke am schönsten.

Margeritenkranz: Margeritenstängel auf ca. 15 cm Länge kürzen. Drei Margeriten zu einem Zopf flechten. Mit jedem Zug eine neue Margerite einflechten. Zuletzt die Enden mit Draht verbinden.

Experiment

Kreiselei

Von der Margeritenblüte zum Spiegelei

Alter: ab 5 Jahren
Material: Blütenkopf einer Margerite mit kurzem Stängel; Zahnstocher

Die Margerite abknipsen, einen ca. 5 mm langen Stängelteil lassen. Zahnstocher von oben in die Mitte des gelben Blütenbodens stecken und genau durch den Margeritenstängel führen. Da der Margeritenstängel im oberen Teil hohl ist, passt der Zahnstocher genau durch. Die Spitze des Zahnstochers gerade ein wenig aus dem Stängel herausschauen lassen – sie wird zur Kreiselspitze.

Den in die Margerite gesteckten Zahnstocher fest zwischen Zeigefinger und Daumen drehen; die weißen Zungenblüten verschwimmen dabei zu einer weißen Außenscheibe; aus der Margeritenblüte ist ein Spiegelei geworden. Der umgedrehte Kreisel wird zum Strand-Schirmchen.

Spiel & Schmecken

Hab dich zum Fressen gern!?

Das ist hier die Frage! Margeriten schmecken wirklich gut: süsslich, würzig und knackig!

Alter: ab 3 Jahren
Material: Margeritenblüten

Die Kinder spielen mit der Margerite das bekannte Spiel „Ich lieb dich, ich lieb dich nicht.“: Sie zupfen dabei einzeln die weißen Zungenblüten ab und verspeisen sie. Wenn es bei der letzten Blüte „Ich lieb dich!“ heißt, wird das Gelbe gegessen. Bei „Ich lieb dich nicht!“ wird das Gelbe weggeworfen.

Was sonst noch so in Wiesen wächst

Glockenblume – Wiesenglöckchen

Die lilafarbene, zarte Blütenglocke ist das beste Erkennungsmerkmal der Glockenblume. Die wärmeliebende Wiesen-Glockenblume (Campanula patula) mischt sich gerne mit Hahnenfuss und Margeriten.

Blütezeit: Mai bis Juni

Experiment

Rosa getupfte Glocken

Glockenblume, du störst!

Alter: ab 4 Jahren
Material: Glockenblume; Ameisennest oder -hügel

Glockenblumenblüte auf die Behausung der Ameisen legen. Was passiert? Ameisen werden nervös und die Glockenblume bekommt rosa Pünktchen. Nach kurzer Zeit ist die Blüte ganz rosa gefärbt.

Warum? Für die Ameisen ist die Glockenblumenblüte ein Angreifer. Um ihn in die Flucht zu schlagen, nutzen die Ameisen ihre Giftdrüsen: Sie bespritzen die Blüte mit Ameisensäure. Die Säure bewirkt eine Umfärbung ins Rosa. Auch Essig färbt Glockenblumen rosa. Wenn die Kinder ihre Hände ganz nahe an das Ameisennest halten, riechen diese innerhalb kurzer Zeit stark und stechend nach Ameisensäure.

Taubenkropf-Leimkraut – Knallblume

Das Taubenkropf-Leimkraut (Silene vulgaris) ist ein Nelkengewächs mit weissen Blüten und blaugrünen Blättern. Es findet sich besonders dort, wo es trockener wird, z. B. an Wiesenböschungen und Wiesenrändern. Die Kelchblätter sind kugelig „taubenkropfförmig" aufgeblasen, was besonders zu Blüh-Ende auffällt und ein lustiges Spielchen bereitet.

Blütezeit: Mai bis August

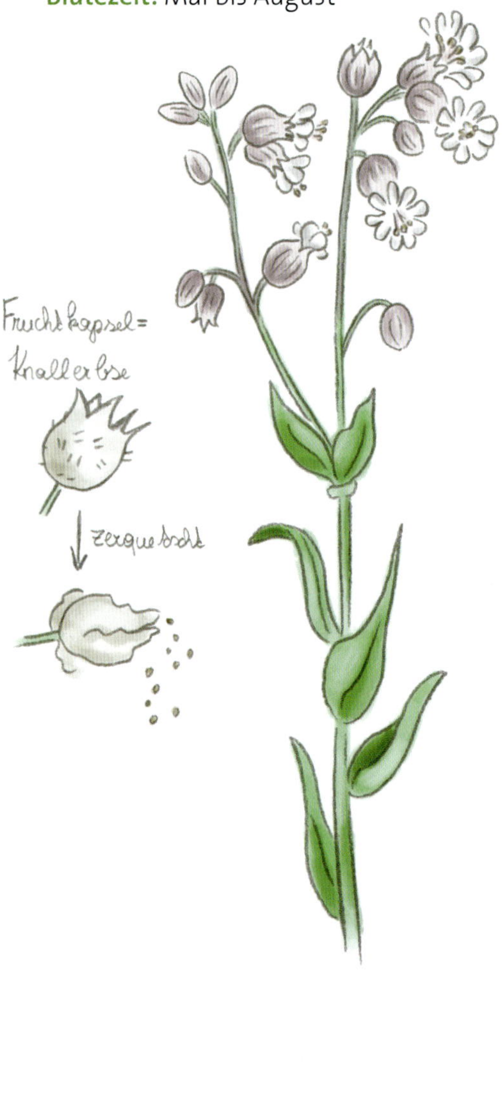

Hören & Spiel

Knallerbse

Hör mal wie das knallt!

Alter: ab 4 Jahren
Material: Leimkraut im Abblühen

„Knallreifes" Leimkraut suchen: Die aufgeblasenen Kelchblätter umhüllen die Fruchtkapseln, die dann zerquetscht werden. Verblühte Blumen dürfen dafür weder zu alt noch zu jung sein. Die Kapsel muss dick genug sein, damit es knallt.

Kapsel zwischen zwei Fingern zerdrücken. Es gibt einen kleinen Knall. Unreife Samen werden dabei herausgequetscht. Ältere Fruchtkapseln mit reifen Samen sind trocken geworden, sie knallen nicht mehr.

Klappertopf – Windrassel

ES GIBT GROSSE KLAPPERTÖPFE (RHINANTHUS MAJOR) AUF FEUCHTEN WIESEN UND KLEINE KLAPPERTÖPFE (RHINANTHUS MINOR) AUF MAGERWIESEN. SIE UNTERSCHEIDEN SICH HAUPTSÄCHLICH IN DER GRÖSSE, DENN BEIDE SIND HALBSCHMAROTZER, D.H. SIE NEHMEN SICH DAS WASSER VON BENACHBARTEN PFLANZEN. AUSSERDEM BLÜHEN BEIDE GELB UND HABEN AUFGEBLASENE KELCHE, DIE FÜR ÜBERRASCHUNG SORGEN.

Blütezeit: Juni bis August

HÖREN

Pflanzenklapper

WAS KLAPPERT DA?

Alter: ab 3 Jahren
Material: Klappertöpfe am Ende der Blüte

Bei Reife „klappern“ die Samen im aufgeblasenen Kelch, wenn er bewegt wird. In der Natur werden die Samen vom Wind „herausgeklappert“. Das lässt sich leicht nachahmen. Die Pflanze nehmen (muss dafür nicht abgepflückt werden) und rasseln lassen (hin und her bewegen).

Echtes Mädesüß – Federblume

FLAUMIG-FEDRIG WEISSE WEDEL AN FEUCHTEN WIESENPLÄTZCHEN UND WASSERGRÄBEN: ES KANN SICH NUR UM DAS ECHTE MÄDESÜSS (FILIPENDULA ULMARIA), EINE VERWANDTE DER ROSE, HANDELN. IHRE WATTEBAUSCHARTIGEN, HERBSÜSS RIECHENDEN BLÜTENSTÄNDE MACHEN SIE SCHON ALLEINE WEGEN DER AUFFÄLLIGEN GRÖSSE ZUR „WIESENKÖNIGIN".

Blütezeit: Juni bis August

RIECHEN & SCHMECKEN & HÖREN

Schöne Träume mit der Wiesenkönigin

FRÜHER WAREN GETROCKNETE MÄDESÜSSBLÜTEN NATÜRLICHES ASPIRIN (ENTHÄLT SALICYL) UND EIN BELIEBTES STREUKRAUT, DA ES SEINEN HONIG- BIS MANDELARTIGEN DUFT SEHR LANGE VERSTRÖMT.

Alter: ab 4 Jahren
Material: Mädesüßblüten; Mörser; Baumwollsäckchen; Mädesüß-Blütenknospen; Honig

Duftprobe: Die Blüten des Mädesüß duften sehr süßlich nach Mandelaroma und einem Hauch von Vanille. Wird aber an den Blüten, Blättern oder Stängeln der Pflanze gerieben, entfaltet sich ein „medizinischer" Geruch, der an Krankenhausflure erinnert. Grund dafür ist die freigesetzte Salicylsäure – ein natürliches Aspirin, das schmerzlindernd und entzündungshemmend wirkt.

Duftpulver: Blüten von den Stängeln entfernen und im Schatten trocknen lassen, bis sie „cross" sind. Mit einem Mörser fein zermahlen. Das duftende Mahlgut gleich verstreuen, z. B. an der Fensterbank, in ein Briefkuvert... Oder in ein Baumwollsäckchen füllen und unter das Kopfkissen stecken – für süße Träume!

Schöne-Träume-Tee: Blütenknospen 5 Min in heißem Wasser ziehen lassen, absieben. Mit Honig süßen. Für Kinder maximal 1 knapper TL pro Tasse und max. drei Tassen pro Tag (Salicylsäure!). Gut bei Erkältungen. Schmeckt ein bisschen nach Marzipan. Ganz wunderbar schmeckt der Tee, wenn noch einmal gleiche Teile an Linden- und Holunderblüten beigefügt werden.

Gute-Nacht-Geschichte: *Blütenelfen sind für erwachsene Augen unsichtbar. Kinder können sie aber sehen. Untertags tanzen sie in ihrem wunderbaren Duft, in ihren zarten Farben und mit sanft wiegenden Bewegungen. In der Dämmerung schweben die Blütenelfen über die Wiesen, sprechen mit den Pflanzen, versorgen sie und singen Lieder für sie. Wenn es Nacht wird, kommen sie zurück zur Wiesenkönigin. Sie legen sich in ihre Blüten und schlafen friedlich ein. Das ist auch der Grund, warum sich der Duft der Wiesenkönigin gegen Abend hin verstärkt. Besuche sie zu dieser Zeit einmal und rieche daran, ob es wahr ist!*

Blumen am Feld

Wogende Getreidefelder, ihr Duft und bunte Feldblumen am Rand sind einfach etwas Schönes. „Der Roggen blüht blau (Kornblume), der Weizen rot (Mohn) und der Hafer gelb (Ackersenf)", besagt eine alte Bauernregel: Ackerwildkräuter sind abhängig von den Kulturpflanzen und den Methoden der Landwirtschaft. Letztere macht durch Herbizide und Pflanzenschutzmittel den Feldblumen das Leben schwer. Manche finden sich nur noch selten, z. B. Kornrade und Acker-Rittersporn, andere haben Resistenz entwickelt, z. B. Kornblume, oder den Lebenszyklus daran angepasst, z. B. Mohnblume. Gut, wenn es biologisch bewirtschaftete Felder oder naturbelassene Ackerrandstreifen gibt. Und dann sind da noch die Blumen-Kulturpflanzen wie Sonnenblume, Grau-Mohn, Lein und Raps ...

Klatschmohn – Seidenblume

Steckbrief: Klatschmohn

(Papaver rhoeas)
einjährige Pflanze

Wo zu finden: Feldrand (bes. Weizen), offenerdige Straßenböschungen (Baustellen)

Was ist noch besonders:

- Der Milchsaft der Mohnblume ist giftig (Alkaloide).
- Mohnblüten sind nektar- und duftlos, enthalten dafür umso mehr Staubblätter und Pollen.

Blütezeit: Mai bis Juli

MOHNBLUMEN LEUCHTEN SCHON VON WEITEM KNALLIG ROT UND WIEGEN SICH IM WIND. KLATSCHMOHN WÄCHST BESONDERS GERNE ENTLANG VON WEIZENFELDERN ODER ALS „ROTES MEER“ AUF OFFENERDIGEN FLÄCHEN. UNVERWECHSELBAR SCHÖN UND VON BLÜTE BIS SAME ALLES VERWENDBAR!

Wunderblüte

Vor der Entfaltung sind die Kronblätter der Mohnblüte in der Kelch-Knospe unregelmäßig zusammengeknautscht. Erst nach und nach entfalten und entknittern sich die seidigen Blütenblätter. Die Kelchblätter fallen in dieser Zeit ab. Eine Mohnblume blüht 2–3 Tage. Ende Juli ist die Klatschmohnblüte zu Ende. Nun übernehmen angebaute Schlafmohn-Sorten wie Grau-, Blau- und Weißmohn (Papaver somniferum) in weiß-lila-rosafarbener Pracht. Diese Mohnblüten blühen nur einen Tag und sind viel größer.

SEHEN & FÜHLEN

Rote Knitterseide

WUNDERBAR WEICH UND SEIDIG!

Alter: **ab 3 Jahren**
Material: **blühende Klatschmohnpflanzen (ab Mai)**

Dicke Mohnknospen abknipsen und die zwei Kelchblätter vorsichtig auseinanderziehen. Was passiert? Ein zusammengefaltetes Bündel von rotem knittrigem Stoff ähnlich wie Seide kommt zutage. Den „Seidenstoff“ vorsichtig auseinanderziehen, d. h. die vier Blütenblätter öffnen. Werden die Knospen zu früh geöffnet, ist das Knitterbündel noch weiß.

Hinweis: Die geöffneten Blüten für die folgenden Aktionen weiterverwenden.

BASTELN

Seidenpüppchen

ROTE, SEIDIGE BLUMENWESEN

Alter: **ab 4 Jahren**
Material: **blühende Klatschmohnpflanzen; feste Grashalme; Bastelkleber; Fotokamera**

Kronblätter nach unten biegen. Die Kapsel ist der Kopf, die Staubblätter die Halskrause. Je nachdem, welche Blütenblätter (z. B. mit einem Grashalm) zusammengebunden werden, entstehen Engel, Königinnen und Könige, Prinzen und Prinzessinnen oder gar ein Batman.

Mohnblumen-Knospenpüppchen: Knospe einer Mohnblumenblüte nur so weit entfalten, dass die Kelchblätter nicht abfallen. Auf den Kopf stellen und Kapsel einer verblühten Mohnblume aufkleben. Da die seidenen Wesen schnell vergänglich sind, auf attraktiven Hintergrund setzen und fotografieren! Danach eventuell zu Mohntinte verarbeiten.

Variante

Haltbare Mohnpüppchen: Die Seidenpüppchen aus Mohnkapseln und rotem, seidenähnlichen Stoff basteln.

EXPERIMENT & KUNST

Mohntinte

SCHÖNE ROTE FARBTÖNE

Alter: ab 5 Jahren (mit Hilfe eines Erwachsenen)
Material: Mohnblüten; Mörser; Wasser; Prise Sand; farbloser Essig oder Alaun; Glasgefäß; Filterpapier; Trichter; Pinsel; Papier

Eine Handvoll Mohnblütenblätter mit einer Prise Sand zerreiben. Nun gibt es drei Möglichkeiten:

Schnelle Mohntinte: Ganz wenig Wasser zugeben. Abfiltern. Dieser Wasserauszug ist gekühlt einige Tage haltbar. Es entsteht knallrote Tinte, die beim Eintrocknen bzw. auf Papier aufgetragen ins Lila-Grau umfärbt.

Haltbare Mohntinte mit Essig: Mörsegut mit farblosem Essig bedecken und zwei Wochen in einem Glasgefäß in die Sonne stellen. Abfiltern. Die entstandene knallrote Tinte färbt beim Auftragen ebenso ins Lila-Grau um, ist aber lange haltbar.

Haltbare Mohntinte mit Alaun: 1 EL Alaun in 50 ml kochendem Wasser auflösen und Mörsegut zufügen. Abfiltern. Es entsteht purpurrote Mohntinte, die beim Auftragen auf Papier den gleichen, aber helleren Farbton annimmt. Sehr lange haltbar!

Hinweis: Je höher der Blütenblätteranteil, desto intensiver die Farbe.

GESCHICHTE

Warum der Mohn blutrot ist

NACH EINEM ALTEN MÄRCHEN AUS RUMÄNIEN

Vor langer Zeit lebte einmal in einer alten Hütte eine Witwe mit ihrem kleinen Sohn. Obwohl sie beide sehr fleißig waren, litten sie oft Hunger. Einmal erkrankte die Witwe sehr schwer. „Söhnchen, wir werden vor Hunger sterben.", klagte sie und wusste nicht mehr aus noch ein. Da fiel ihr plötzlich das reich bestickte Hochzeitstuch in der Truhe ein, das sie von ihrer Mutter geerbt hatte. So ein Tuch wurde damals mit Gold bezahlt. Schweren Herzens gab sie es dem Jungen mit dem Auftrag, es im Nachbardorf zu verkaufen. Der Junge brach ohne Zögern auf. Der Weg war aber sehr beschwerlich, denn er führte durch eine Wüste und über ein hohes Gebirge. Als die Sonne unterging, war der Junge noch immer nicht zurück. Schließlich hielt es die Mutter nicht mehr aus und ging ihm entgegen. Sie durchquerte die Wüste und hastete auf die Berge hinauf. Sie achtete nicht darauf, dass ihre Füße von den Dornen und Steinen bluteten und rief mit lauter Stimme nach ihrem Sohn. Auf dem Gipfel eines Berges hörte sie auf einmal seine leise Stimme: „Hier bin ich, Mütterchen." Der Junge war auf einem Stein ausgerutscht und in eine Felsspalte gefallen. Die fand ihn überglücklich und befreite ihn. Dann machten sich die beiden langsam auf den Heimweg. Aber als sie durch die Wüste gingen, blühten dort, wo vorher nur Dornbüsche standen, wunderschöne rote Blumen. Sie waren aus den Blutstropfen gewachsen, die von den Füßen der Mutter tropften. Seit dieser Zeit blüht überall auf der Welt roter Mohn, am reichsten aber rings um die Hütte der Witwe und ihres Sohnes. Und mit den Mohnblumen ist dort wieder das Glück eingezogen!

SEHEN & HÖREN

Streubüchse

NATURRASSEL

Alter: ab 3 Jahren (mit Hilfe eines Erwachsenen)
Material: reife Mohnkapseln; weiße Unterlage; kleine Säge

Mohnkapsel schütteln. Ein leises Rasseln der Mohnkörner ist zu hören. Nun stärker schütteln. Die Samen fallen aus den Löchern unterhalb des Deckels und verteilen sich aufgrund der kreisrunden Anordnung gleichmäßig auf die Unterlage. Genauso sorgt in der Natur der Wind für eine regelmäßige Verteilung rund um die Mutterpflanze.

Anschließend je eine Mohnkapsel längs und quer durchsägen und das Innere betrachten: Im Querschnitt sind die samengefüllten Fächer gut sichtbar, im Längsschnitt das luftige Gewebe der Fächer.

FÜHLEN & KUNST

Das Krönchen

DIE KRÖNUNG DER MOHNKAPSEL IST DAS DACH.

Alter: ab 3 Jahren
Material: Mohnkapseln (am besten von verschiedenen Mohnarten); (selbsthärtender) Ton; PLAKA- oder Acrylfarben; Pinsel; kleines Sägemesser; Bastelkleber

Für jüngere Kinder – Abdruck: Mohnkapsel am Stiel nehmen und „das Dach" in den Ton drücken. Der Abdruck ist ein Stern. Mehrmalige Abdrücke lassen schöne Sternenmuster entstehen. Je nach Größe der Kapsel und Mohnblumenart sind die Abdrücke ganz unterschiedlich. Ganz einfach lässt sich so eine Tonschüssel mit Sternchenmuster formen.

Für ältere Kinder – KönigIn: Mohnkapsel mit Gesicht versehen und Krönchen golden bemalen; Königskörper formen, mit Sternen-Abdruck verzieren und bemalen (rot, golden oder nur die Abdrücke); Krönchen einer anderen Kapsel absägen und an den Kapselstängel kleben – wird damit zum Sternträger der Heiligen Drei Könige.

Basteln

Wertvolle Fläschchen

Von der Samenkapsel zum orientalischen Zauberfläschchen

Alter: ab 5 Jahren
Material: **Mohnkapseln (am besten von verschiedenen Mohnarten – je größer desto besser); Acryl- oder PLAKA-Farben; Pinsel; Bastelkleber; kleine Holzperlen, ø 5 mm; Goldfaden; Goldband; Goldperlen bzw. alles in Silber**

Mohnkapsel auf den Kopf stellen. Das Krönchen wird zur Standfläche des Fläschchens. Mit Gold-, Silber- oder anderen Farben in schönen Mustern bemalen; eventuell mit Perlen und Borten verzieren. Den Abschluss bildet der Korken des Fläschchens: eine golden bzw. silbern bemalte Holzperle oder eine kleine Samenkapsel. Für Schatztruhe, Puppenstube, Kaufmannsladen, Setzkasten oder als Christbaumschmuck (Befestigung: Faden durch Holzperle).

Variante

Töpfchen: Das obere Viertel der Kapsel vorsichtig quer durchschneiden – es wird zum Deckel. Der andere Teil wird zum Topf, der sich mit winzigen Sachen (Samen ...) befüllen lässt.

Windfang „Mohnkapsel“

Die Frucht der Mohnblume ist eine Kapsel, die als Windstreuer fungiert. Das Dach der Kapsel dient als Windfang. Dadurch werden die Samen schneller und stärker ausgeblasen.

Eine Klatschmohnkapsel produziert ca. 1000 winzige Mohnsamen, die noch dazu sehr langlebig sind.

Die Kapseln reifen ab Juli. Durch Umackern, Umbaggern, z. B. Straßenbau, können so ganze Mohnfelder entstehen (Lichtkeimer).

Sonnenblume – Riesenblume

Steckbrief: Sonnenblume

(Helianthus annuus)
einjährige Pflanze

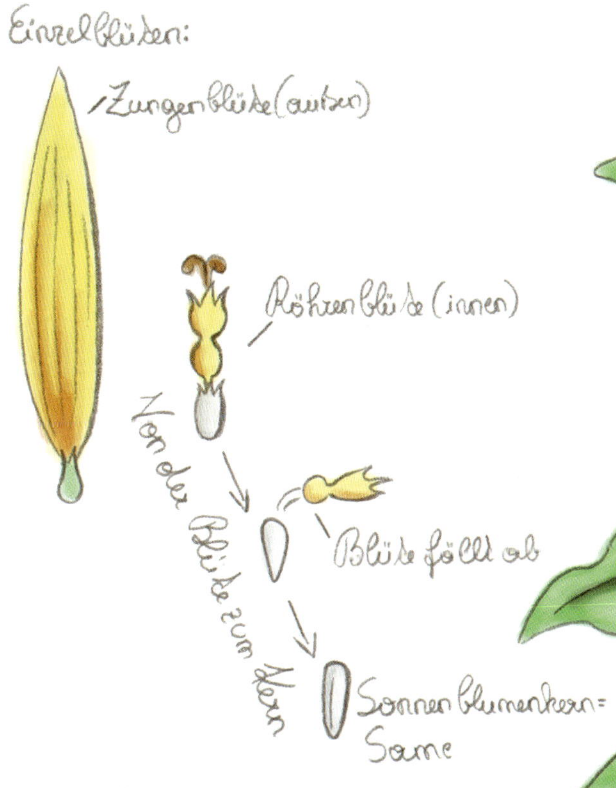

Wo zu finden: Feldrand (bes. Mais), kultiviert

Was ist noch besonders?
- durch spanische Seefahrer von Mittelamerika nach Europa gebracht, dort bald kultiviert
- Harte Streublätter am Korbboden funktionieren als Samen-Katapult, besonders bei Vogel-Bearbeitung.
- Sonnenblumensamen sind fett und eiweißreich.

Blütezeit: Juli bis September

DER BLUMENRIESE MIT SEINEN GELBEN SONNENBLÜTENKÖRBEN IST UNVERWECHSELBAR. DIE SONNENBLUME GIBT ES KULTIVIERT AUF DEM FELD, AUF ACKERRANDSTREIFEN AN MAISFELDERN ODER GANZ PRAKTISCH UND GÜNSTIG IN PFLÜCK-MICH-FELDERN – SCHÖN FÜR SONNENBLUMENDETEKTIVE!

Blume der Rekorde

Bei nährstoffreicher Erde sind Sonnenblumen kaum zu bremsen. Sie können bis zu vier Meter hoch werden und ihre Wurzeln bis zu zwei Meter tief schlagen und das, obwohl sie nur einjährig sind, d. h. im Herbst absterben. Die größte jemals gemessene Sonnenblume war fast acht Meter hoch mit einem Blütendurchmesser von 82 cm! Die Blüte ist wie bei allen Korbblütlern eine Scheinblüte: Die zungenförmigen, großen, gelben Randblüten täuschen gemeinsam mit den ca. 15.000 winzigen goldbraunen Röhrenblüten der Mitte eine einzige große Blüte vor.

SEHEN & GÄRTNEREI

Zähnefletscher

VOM KERN ZUR BLÜTE – EIN IMMER GRÖSSER WERDENDES WUNDER!

Alter: ab 3 Jahren
Material: Sonnenblumenkern; Blumentopf in drei verschiedenen Größen mit Blumenerde

Samenkern in einen Blumentopf mit Erde setzen und an ein sonniges, warmes Plätzchen stellen. 20° C sind für die Keimung optimal. Nach ca. zwei Wochen schieben sich die Keimblätter aus der Erde. Nun ist es Zeit fürs erste Umtopfen. Die Pflanze vorsichtig in den nächstgrößeren Topf setzen, die Keimblätter sollten knapp über der Erde sein. Bald werden sich die ersten Blätter entwickeln. Für die Blüte braucht es ein bisschen Geduld. Gut ist es, wenn die Sonnenblume nochmals in einen größeren Topf umgesetzt wird. Wenn es soweit ist, quetschen sich die gelben Zungenblüten (sehen aus wie große gelbe Zähne) zähnefletschend aus dem Kelch. Die Röhrenblüten der Mitte werden erst viel später sichtbar.

SEHEN & SPIEL & RIECHEN

Lustvolle Zerlegung

VERWANDLUNG DES KORBES VOM SMILEY ZUR FRECHEN FRATZE

Alter: ab 4 Jahren
Material: Sonnenblumenblütenkopf in voller Blüte; Lupe; Zahnstocher; Fotokamera

Sonnenblumen-Scheinblüte genau betrachten: wenige große Zungenblüten am Rand, viele kleine Röhrenblüten in der Mitte des Blütenkorbs. Nun beginnt die Zerlegung: Für *„Smiley – die lachende Sonne"* goldbraune Röhrenblüten schrittweise entfernen, sodass die darunterliegende schwarzgraue Kernschicht zutage tritt: zuerst die Augen, dann Mund, Nase und schließlich der Bart. Die Finger werden dabei vom Nektar klebrig und duften so richtig nach „Sonnenblume". Vor das Gesicht halten und ein Foto machen.

Für *„Freche Fratze"* den Blütenkopf weiter zerlegen: Die restlichen Röhrenblüten entfernen, der ganze Korbboden ist nun (von den sichtbar gewordenen Kernen) grauschwarz. Von den Strahlenblüten nur zwei seitlich als lustige Ohren bzw. Hörner belassen. Eine Strahlenblüte für die Zunge aufbehalten. Für Augen und Mund noch weiter in den Korbboden „graben" und die Kernschicht an diesen Stellen entfernen. Diese Stellen sind nun weiß. In die Augen- und Mundhöhlen kurze Stücke des Sonnenblumenstängels einsetzen und mit Zahnstocher befestigen. Vor das Gesicht halten und ein Foto machen.

Hinweis: „Freche Fratze" lässt sich auch sehr gut mit samenreifen Blütenköpfen machen!

Sonnensüchtig

Sonnenblumen lieben Hitze und viel Sonne. Ihre Blütenkörbe wenden sich daher immer zur Sonne. Vom Morgen an dreht sich der Blütenkopf Richtung Westen bis zum Sonnenuntergang. In der Nacht schwenkt er wieder Richtung Osten, um am nächsten Tag die Morgensonne zu begrüßen. Die Blütenköpfe richten sich also auf „Mittag" ein, man nennt das „Kompassblume". Auch die Samen sind so angeordnet, dass jeder einzelne möglichst viele Sonnenstrahlen abbekommt und sie gut reifen. Dieses Muster wird „Goldener Winkel" genannt.

SEHEN, FÜHLEN & RIECHEN

Der goldene Winkel

DEM KERNMUSTER AUF DER SPUR

Alter: ab 3 Jahren
Material: **(verblühter) Sonnenblumenblütenkopf mit reifen dicken Samen; Lupe; Ton oder Lehmklotz**

Den „Samenkorb" genau unter die Lupe nehmen. Was gibt es zu sehen, zu riechen und zu fühlen?

- sieht einer Bienenwabe ähnlich – spiralige Anordnung der Samen.
- Samen werden von innen nach außen immer reifer und dicker, weil der Sonnenblumenkorb von außen nach innen blüht.
- riecht süßlich und irgendwie einzigartig nach Sonnenblume; kaltgepresstes Sonnenblumenöl riecht genauso.
- mit der Handfläche über die Kerne fahren – fühlt sich gut an.
- Zuletzt Blütenkopf auf eine vorbereitete Ton- oder Lehmplatte drücken. Das spiralige Muster nach dem „Goldenen Winkel" wird so verewigt.

Raps – gelbes Meer

Steckbrief: Raps

(Brassica napus)
einjährige Kulturpflanze

Wo zu finden: kultiviert

Was ist noch besonders:

- Heimat im östlichen Mittelmeerraum
- Nutzung ursprünglich nur für Lampenöl, heute für Speiseöl, Biodiesel und Tierfutter
- Winterraps wird im Herbst gesät, hat seine Blütezeit im Frühsommer; Sommerraps hat seine Saat im Frühling, wächst über den Sommer heran und blüht im Herbst.

Blütezeit: Frühsommer, Herbst

DIE SCHWEFELGELBEN RAPSFELDER SIND AUCH AUF WEITE ENTFERNUNG UNÜBERSEHBAR, NOCH DAZU BLÜHEN SIE ZWEIMAL IM JAHR. DIE KULTURBLUME LOCKT MIT KNALLGELBER FARBE, SÜSSEM DUFT UND ÖLIGEN SAMEN.

RIECHEN & SEHEN & HÖREN

Anflug auf das Schwefelmeer

WAS TUMMELT SICH DA SO?

Alter: ab 3 Jahren
Ort: blühendes Rapsfeld (Mai oder Herbst)
Material: Lupe

An ein Rapsfeld gehen und schnuppern. Ein zuckersüßer Duft geht von den Rapsblüten aus. Nun die Blüten und ihre Gäste genauer betrachten und das Gesumme aufnehmen. Rapsblüten sind attraktiv für Bienen, Schmetterlinge und Fliegen. Die Blüten haben eine auffällige Farbe und viel Nektar mit bis zu 60% Zuckeranteil.

Was das gelbe Meer hervorbringt

Wenn Rapsfelder blühen, locken sie Tausende Bienen an, die u.a. für Bestäubung sorgen. Raps wird auch vom Wind bestäubt, Bienen verhelfen den Bauern durch ihre Bestäubung aber zu höheren Fruchterträgen. Aus den bestäubten Blüten entwickeln sich sparrige Fruchtstände mit kleinen Schoten und zahlreichen kugelrunden, ölreichen Samen. Aus ihnen lässt sich Speiseöl und Biodiesel (Kraftstoff für Fahrzeuge) herstellen. Der bei der Herstellung als „Abfall" anfallende Rapskuchen ist wertvolles Tierfuttermittel. Rapsöl ist reich an Vitamin E und ungesättigten Fettsäuren.

RHYTHMUS-SPIEL

Raps-Rap

HIER WIRD ÜBER DEN RAPS GERAPT!

Bei den Strophen wechseln sich die Kinder ab (z.B. pro Kind eine Zeile), der Refrain wird gemeinsam gerapt.

1. *Ein Feld ist meistens grün*
in Berlin und auch in Wien.
Da wachsen grüne Pflanzen
und grün sind auch die Wanzen.
Doch sah ich heut ein Feld,
das war so leuchtend gelb,
kannst DU mir vielleicht sagen,
welche Pflanzen dieses fette, dunkle Gelb in sich tragen?
Ich hab´s, ja ich hab´s!
Das ist der Raps!

Refrain:
Das Rapsfeld
ist so rapsgelb.
Das Rapsfeld
ist so rapsgelb.
Dieses Gelb,
das mir so gut gefällt,
das ist das Rapsgelb.

2. *Der Raps, oh, der kann viel,*
er hat ´nen hohlen Stiel,
den kann man sogar essen!
Die Samen kann man pressen
und Öl daraus gewinnen.
Ihn lieben auch die Bienen.
Und manche Autos haben, Gott sei Dank,
statt Erdöl nur das Rapsöl in dem Tank!
Ich hab´s, ja ich hab's!
Wir tanken Raps!

Refrain: *s.o.*

Jürgen Geißelbrecht

Was sonst noch so entlang von Feldern wächst

Kornblume – blauer gehts nicht

Das fast unnatürlich intensive Blau der Blüten („Blauer geht es nicht") und die silbrigen Blätter sind die Erkennungsmerkmale der Kornblume (Centaurea cyanus). Ein Augenbad aus dem Aufguss der Blüten soll Augen zum Strahlen bringen. Der Korbblütler wächst gerne auf Getreidefeldern gemeinsam mit Mohnblumen und Kamillen – das klassische Feldblumenbild.

Blütezeit: Juni bis Oktober

Bewegungsspiel

Feldblumenjäger

Ein sommerlicher Farbenrausch im Feld

Alter: ab 3 Jahren (mindestens 5 Kinder)
Material: Fingerfarben in Blau, Rot und Gelb

Das Spielfeld = „Getreidefeld" begrenzen. Bei der Spielleitung stehen die geöffneten Fingerfarbentöpfe in Blau, Gelb und Rot. Ein Mitspieler wird zur Feldblume, die anderen sind Getreidepflanzen. Auf ein Kommando der Spielleitung darf das Feldblumenkind den Zeigefinger in einen der Farbtöpfe tauchen: Kornblume für Blau, Mohn für Rot und Kamille für Gelb. Taucht das Feldblumenkind den Finger in den richtigen Farbtopf, läuft es los und versucht in einer bestimmten Zeit möglichst viele Mitspieler zu „beklecksen", d. h. abzuschlagen. Das letzte Kind ohne Klecks wird zur neuen Feldblume (wenn es die richtige Farbe nimmt). Taucht das Kind in den falschen Farbtopf, muss es sich selbst damit bekleckern. Am Ende ist das ganze Getreidefeld voller Feldblumen bzw. die Kinder mit Fingerfarben bekleckert. Ab unter die Dusche!

Hinweis: Spiel für draußen; Mitspieler haben Badebekleidung an.

Kamille – Duftnase

Kamillenarten (Chamomilla sp.) treten in allen Ackerkulturen auf, besonders gerne in Winterraps. Echte Kamillen sind am aromatischen Duft und ihren kegelförmigen, hohlen Köpfchen gut erkennbar. Die Geruchlose Kamille und die Hundskamille haben grössere Blüten ohne den typischen Kamillengeruch.

Blütezeit: Mai bis Juli

Riechen & Fühlen

Gelbe Duftnase

Die Blütenpolster sind weich wie kleine Nasen – hier werden sie zu einer grossen Duftnase zusammengefasst.

Alter: ab 3 Jahren
Material: Echte Kamille; Blumendraht

Kamillenblüten mit kurzem Stängel abschneiden und mithilfe von Blumendraht ganz eng zu einer weichen „Nase“ zusammenbinden. Nun kräftig daran riechen und an die eigene Nase drücken. Der Kamillenduft ist frischem Apfelgeruch ähnlich.

Acker-Senf – Wilder Senf

Der schwefelgelb blühende Kreuzblütler findet sich besonders gerne als „lästiges Unkraut“ auf Hafer- und Hackfruchtfeldern, aber auch auf frischen Erdhügeln. Acker-Senf (Sinapis arvensis) ist mit dem Kulturraps eng verwandt und hat auch ein ganz ähnliches Aussehen, aber breitere, kaum zerteilte Blätter. Raps ist grösser, kann sich allerdings mit Acker-Senf kreuzen.

Blütezeit: Mai bis Oktober (oder länger)

Schmecken

Der wilde Senf

Ackersenf enthält Senföl, was ihm die gewisse Schärfe verschafft und gleichzeitig den Stoffwechsel und die Verdauung anregt.

Alter: ab 4 Jahren (gemeinsam mit einem Erwachsenen)
Material: Ackersenfpflanzen

Junge Blätter (bis zur Blüte): fein schneiden, für Mischsalat oder Kräuterquarkspeise; schmecken ein bisschen scharf. Gedünstet sehr feines Blattgemüse.
Samen: kugelige, schwarze Samen als Sprossen keimen lassen und frisch verzehren.
Blütenknospen: wie einen Brokkoli dünsten; schmeckt nur noch feiner und nussiger.

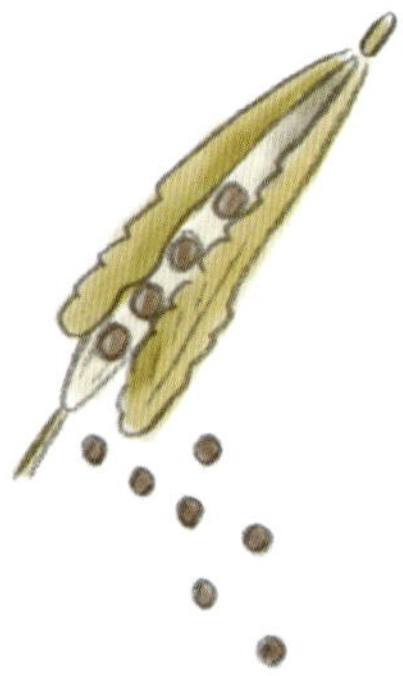

Blumen in Wald und Heide

Blumen verzaubern Wälder nur im Frühling. Sobald sich das Blätterdach geschlossen hat, ist es vorbei mit der Blumenpracht. Es gibt aber schattenliebende Ausnahmen, außerdem Waldschläge, Lichtungen und Waldränder. Die Heide ist eine schon vor Jahrhunderten entstandene waldfreie Landschaft und im Sommer voller Blüten lila gefärbt.

Wald-Vergissmeinnicht – Poesieblümchen

Steckbrief: Wald-Vergissmeinnicht

(Myosotis sylvatica)
einjährige Pflanze

Wo zu finden: lichte Auwälder, Mischwälder, verwildert in Parks und Gärten; Halbschatten

Was ist sonst noch besonders?

- Der Blüteneingang ist durch gelbe Schlundschuppen verengt – eine Sperre für kleine, bestäubungsunfähige Insekten.
- Ähnliche Blüten haben das Kaukasus-Vergissmeinnicht (Brunnera macrophylla) und der Persische Ehrenpreis (Veronica persica) aus Gärten.

Blütezeit: April bis Mai

„ROSEN, TULPEN, NELKEN, ALLE BLUMEN WELKEN, ABER NUR DIE EINE NICHT, UND DIE HEISST VERGISSMEINNICHT!" – DIESER ALTE POESIEVERS SAGT EINIGES ÜBER DIE BLAUE BLUME MIT DEM GELBEN HERZ AUS.

EXPERIMENT

Stehaufblümchen

PERFEKT AUCH ALS LANGLEBIGER BLUMEN-TISCHSCHMUCK

Alter: ab 3 Jahren
Material: blühendes Vergissmeinnicht; tiefer Teller; Wasser; Stein zum Beschweren

Vergissmeinnicht abpflücken und in einen mit Wasser gefüllten Teller legen. Die Stängel in die Mitte legen und mit einem Stein beschweren. Vergissmeinnicht beobachten und immer wieder Wasser nachgießen. Was passiert? Nach wenigen Tagen haben sich die Blumen nach oben gerichtet. Der steife Stängel macht dabei eine Drehung bis zu 45° durch. Warum? Pflanzen wachsen immer gegen die Schwerkraft, also nach oben.

Vergiss mich nicht!

Der besondere Name taucht in vielen Sprachen auf. Nach alter Tradition erinnern die blauen Blüten an die Augen frisch verliebter Menschen. Daher werden sie gerne zur Erinnerung oder als Liebes-, Freundschafts- und Treuebeweis verschenkt. Treu ist das Vergissmeinnicht sowieso: Zunächst blüht es zwei Monate lang, weil die Blüten von unten nach oben wechselnd aufblühen.

Und – wer es einmal im Garten hat, behält es für immer, denn es sät sich reichlich aus, sofern man es lässt.

SEHEN

Augenfarbe im Wechsel

VON ROSAROT NACH HIMMELBLAU

Alter: ab 5 Jahren
Material: Vergissmeinnicht zu Blühbeginn (April); evtl. Lupe

Blüten des Vergissmeinnichts von Knospe bis Ablühen (ca. zwei Monate) genau betrachten: Blütenknospen und erstmals geöffnete Blüten sind rosa. In voller Blüte sind sie himmelblau. Je weiter aufgeblüht, desto hellblauer wird die Blütenfarbe. Im späten Blühstadium ist die Blüte fast weiß.

Warum? Durch eine pH-Wert-Änderung von sauer nach basisch kommt es zu einem Farbumschlag von rosa nach blau. Gleichzeitig verblasst der gelbe Saftmalring und wird weiß. April-Vergissmeinnicht sehen daher auch ganz anders aus als Mai-Vergissmeinnicht: von eher kompakten rosa-blühenden Blümchen über eine hellblau-lockere Blüte bis hin zu blauweißem Blütenschleier.

Sprachspiel

Multikulturelle Blume

Allerlei Sprachwitziges mit der unvergesslichen Blume

Alter: **ab 5 Jahren**

Die Kinder lernen, wie das Vergissmeinnicht in anderen Sprachen heißt: „Forget-me-not" auf Englisch, „M'oubliez pas" auf Französisch, „Fergeet–me-niet" auf Holländisch, „Förgätmigej" auf Schwedisch, „Glem ikke min" auf Dänisch, „Wu wangbo bu" auf Chinesisch, „Non dimenticare el mio" auf Italienisch, „Nezapomente mi" auf Tschechisch. Auf Lateinisch: Myosotis sylvatica – Mausohr des Waldes, weil sich die Blätter wie Mauseohren anfühlen!

Scherzfrage (oder doch nicht?): Was ist die Mehrzahl von Vergissmeinnicht? Vergissmeinnichte! Meine Nichte hat heute mehrere Vergissmeinnichte gepflückt.

Tipp: Sprach-Memory basteln: Eine Karte = Sprache, andere Karte = Wort für Vergissmeinnicht; Karten mit Vergissmeinnichtblüten verzieren.

Basteln

Unvergesslicher Stein

Für die/den Allerliebste/n!

Alter: **ab 4 Jahren**
Material: **schöne flache Steine (vom Fluss, Bach ...); Vergissmeinnichtblüten (ab Mai); Leim oder Kleister; Pinsel**

Blüten sammeln. Oberfläche des Steins mit Leim oder Kleister bepinseln und Blüten darüber streuen oder im Blütenbad wälzen. Andrücken und trocknen lassen. Ältere Kinder machen ein Muster, z. B. ein Blütenherz.

Hinweise: Vergissmeinnichtblüten (eigentlich nur die Kronblätter; die Kelchblätter verbleiben an der Pflanze) fallen ab Mai von alleine ab und liegen in großen Mengen verstreut um die Pflanzen. Jüngere Blüten sitzen fest am Kelch und lassen sich schwer ablösen.

Gärtnerei

Samentütchen

Schüttle mich!

Alter: **ab 5 Jahren**
Material: **abgeblühtes Vergissmeinnicht mit reifen Samenkapseln (ab Ende Mai); weißes Tuch; Papiertütchen; Farbstifte; Eis- bzw. Bastelstäbchen; Bastelleim; Acrylfarbe in Rosa und Hellblau; Pinsel**

Rund um das Vergissmeinnicht ein weißes Tuch legen und die Pflanze schütteln. Unzählige schwarz glänzende, tropfenförmige Samen fallen herab. Die Samen in ein mit Vergissmeinnichtblüten verziertes Samensäckchen füllen. Verschenken oder aussäen.

Aussaat: Die Samen sind sofort keimfähig und keimen in Licht (nicht mit Erde bedecken) bei ca. 18 °C. Wenn sie nicht austrocknen, keimen sie innerhalb von zwei Wochen. In der Natur wachsen sie im Sommer zu grünen Büscheln heran, die im darauffolgenden Frühling zur Blüte gelangen. Besonders hübsch wird die Vergissmeinnicht-Stelle, wenn sie mit einem rosa-himmelblau bemalten Zaun aus Eisstäbchen begrenzt wird.

Besenheide – Heidekraut

Steckbrief: Besenheide

(Calluna vulgaris)
verholzender, immergrüner Zwergstrauch

Wo zu finden: Heidelandschaft, Magerrasen, saure Böden

Was ist sonst noch besonders?

- reicher Insektenbesuch durch Honigbienen (Heidehonig)
- wächst bis zu einer Höhenlage von 2700 m und nördlich bis nach Westsibirien
- sehr witterungsbeständig – zur Firstverkleidung von Reetdächern verwendet

Blütezeit: August bis Oktober

Die Besenheide taucht ab August Heidelandschaften in rosa Farbtöne und leitet damit den Herbst ein. Ausserdem eignet sie sich prima zum Basteln.

Die Sache mit dem Heidekraut

Heidekraut steht für Besenheide (Calluna vulgaris) und Glockenheide (Erica tetralix). Die Besenheide ist die prägende Blume der Heidelandschaft, sorgt also für das rosarote Blütenmeer im Spätsommer. Die Glockenheide ist hingegen nicht so häufig und besiedelt eher Moorlandschaften (bzw. Moore in Heidelandschaften). Dazu kommt noch die Verwirrung, dass die Besenheide oft als Erika bezeichnet wird, was eigentlich der lateinische Name der Glockenheide ist. Beide sind Heidekrautgewächse und blühen rosa, die Glockenheide hat aber viel größere Blüten und Blätter.

Bewegungsspiel

Glocken gegen Besen

Welches Heidekraut gewinnt?

Alter: ab 3 Jahren (mindestens 8 Kinder)
Material: kleine Glöckchen; Besenheidezweig oder Kinder-Besen; Tücher zum Augen verbinden; Wäscheklammern

Die Kinder teilen sich in einem abgeschlossenen, nicht zu großem Raum in zwei Gruppen: Eine Gruppe bekommt Besen und verbindet sich die Augen. Die andere wird mit Glöckchen, mit Wäscheklammern an der Hose befestigt, ausgestattet. Auf ein Kommando der Spielleitung bewegen sich alle Kinder im Raum. Die Besengruppe spitzt die Ohren und horcht auf ein Glöckchen-Geräusch. Sobald ein Glöckchenkind mit dem Besen berührt wird, wird es zum Besenkind. Das letzte verbliebene Glöckchenkind hat gewonnen!

Basteln

Heidebesen – Besenheide

Der lateinische Name der Besenheide ist Calluna, „Kallyno“ (griechisch) steht für fegen! Die „besenartige“ Blume mit ihren stark verästelten Verzweigungen ist vielseitiges Bastelobjekt, weil die Zweige biegsam sind und die Blüten auch beim Trocknen ihre Farbe behalten.

Alter: ab 3 Jahren (teilweise mit Hilfe von Erwachsenen)
Material: blühende Besenheide; Blumendraht; Haselnussstock; reißfester Faden; Blumentontopf; Kegel (aus Styropor, Korb oder Steckmasse).

Herbstlicher Zierbesen: Heidezweige zu einem dicken Bündel zusammenfassen, mit Draht umwickeln und einen zugespitzten Haselnussstock passender Größe in das Bündel treiben.
Besengirlande: Heidezweige in Bündeln mit Draht umwickeln und an eine Schnur hängen. Eventuell mit Lampions (s. Lampionblume S. 46) abwechseln.
Blumentopfverkleidung: Blumentopf mit Heidezweigen umkleiden und mit Blumendraht umwickeln.
Heidebaum: Heidezweige mit den Blüten nach unten um den Kegel wickeln und mit Blumendraht fixieren; dabei von unten nach oben arbeiten; Je mehr Zweige, desto dicker wird das Heidebäumchen, das letztlich wie ein blühendes Nadelbäumchen aussieht. Als Stamm noch ein Holzstämmchen (z. B. dickes Stück eines Haselnussastes) anleimen.

Hinweis: Sollte man in einer „heidelosen“ Gegend wohnen: Heidekraut-Zuchtsorten finden sich besonders im Herbst überall in Gärtnereien, Blumengeschäften etc.

BASTELN

Heidschnucke

SO EIN SCHÖNES FELL!

Alter: **ab 3 Jahren**
Material: **weiße Heidekrautblüten; fester Karton in Weiß; Schere; schwarzer Stift; Bastelkleber; Vorlage s. S. 107**

Das Heidschnucken-Schaf laut Vorlage zweimal aus Karton ausschneiden; Kartonschafe aneinanderkleben; untere Beine nicht kleben, sondern auseinanderbiegen, sodass das Schaf stehen kann. Beine und Kopf schwarz bemalen. Heidekrautblüten abzupfen (geht ganz leicht). Den Körper mit Kleber bestreichen und mit den Blüten bestreuen; fest andrücken. Wenn alles gut getrocknet ist, die andere Seite auf dieselbe Weise gestalten.

Hinweis: Rosa Heidekrautblüten ergeben ganz besondere Schafe.

Heidschnucken

Die Heidschnucke ist eine sehr genügsame Schafsrasse, die besonders gut für die Pflege von Heideflächen geeignet ist. Die kleine, grauzottelige Schnucke ernährt sich mit Vorliebe von Birken- und Kiefernsämlingen, die wuchernd die Heide gefährden. Sie sorgen nicht nur für „baumfrei" in der Heide, sondern halten mit ihren scharfen Zähnen das Heidekraut so kurz, dass es sich immer wieder kräftigt und verjüngt. Das wiederum sorgt für unglaubliche Mengen an dünnen, gegabelten Zweigen in den unmöglichsten Richtungen.

Waldmeister – Waldmännli

Steckbrief: Waldmeister

(Galium odoratum)
ausdauernde, krautige Pflanze

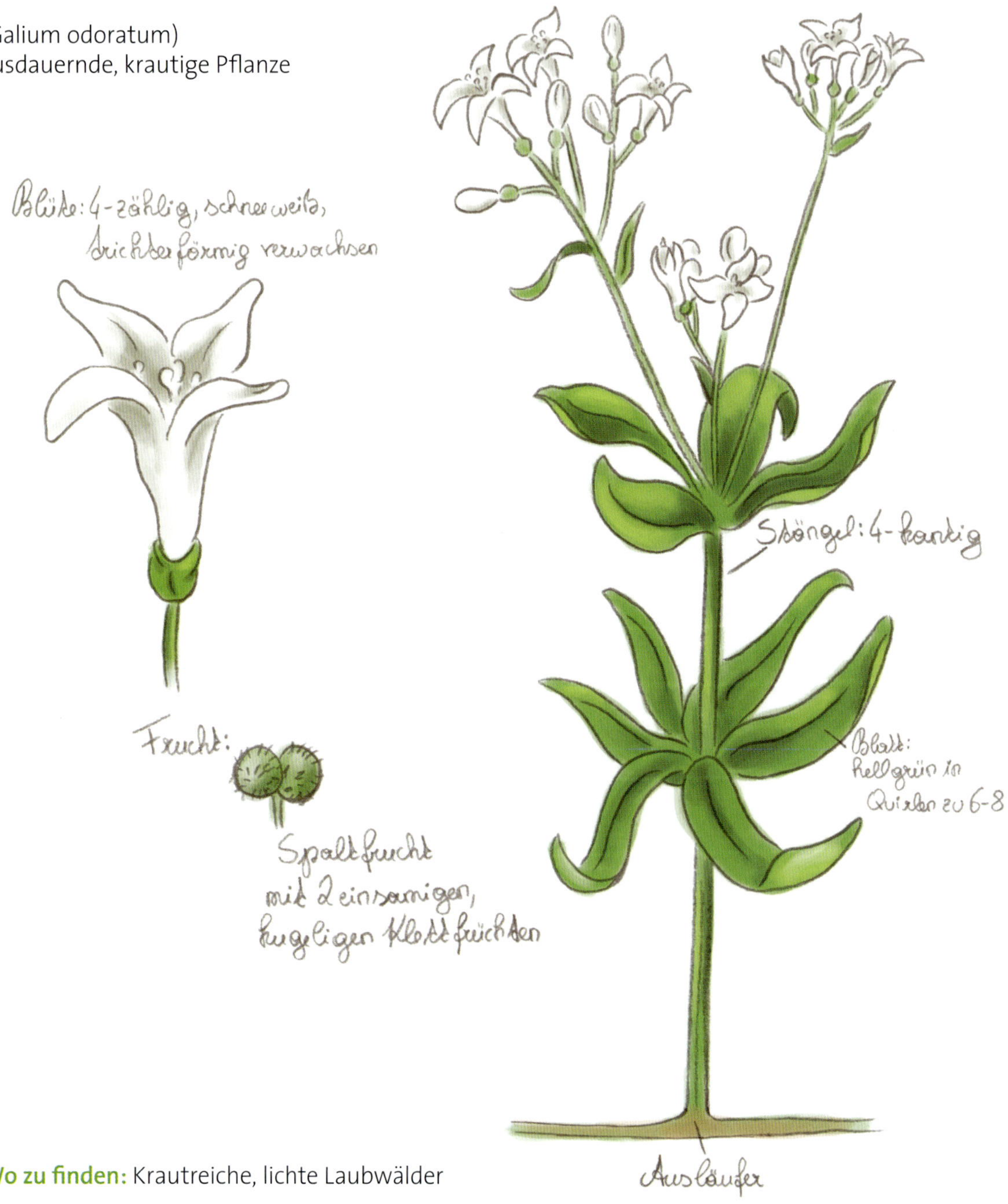

Wo zu finden: Krautreiche, lichte Laubwälder

Blütezeit: Mai bis Juni

WALDMEISTER GEHÖRT ZU DEN WENIGEN MAIBLUMEN DES WALDES. DENN ZU DIESER ZEIT HAT DAS LAUB SCHON AUSGETRIEBEN, ABER DAS MACHT DER SCHATTENLIEBENDEN BLUME NICHTS AUS. WIE KLEINE WALDMÄNNER MIT ZIERLICHEN „GIPFEL-BLUMENSTRÄUSSEN“ STEHEN SIE MANN AN MANN GEREIHT DA.

Wo bleibt der Duft?

Im März treibt der Waldmeister seine frischen, jungen Triebe aus dem Boden, die noch nach gar nichts riechen.

Erst im Verwelken entfaltet sich der unverwechselbare Duft, der von dem Stoff Cumarin verursacht wird. Er riecht angenehm süß, ähnlich Marzipan.

Am kräftigsten ist das Aroma kurz vor der Blüte. Waldmeister, in großen Mengen genossen, kann aufgrund des Cumarins Kopfschmerzen verursachen.

SCHMECKEN & RIECHEN

Maiwaldsprudel und süße Waldmännchen

WALDMEISTERDUFT EINFANGEN

Alter: ab 4 Jahren (mit Hilfe eines Erwachsenen)
Zutaten: MAIWALDSPRUDEL: 1 Büschel blühender Waldmeister; 1 l weißer Traubensaft; 1 unbehandelte Zitrone; 500 ml Mineralwasser; Krug. SÜSSE WALDMÄNNCHEN: je 250 g Mehl, Butter und Quark, 20 % Fett; 1 Prise Salz; 1 Handvoll getrockneter Waldmeister; 1 Handvoll frischer Waldmeister; Mörser; Limone; Puderzucker; Küchenmaschine

Maiwaldsprudel: Waldmeister einige Stunden antrocknen lassen, bis Marzipan-Duft entweicht. Traubensaft in einen Krug füllen; Zitronenschale und Zitronensaft zugeben. Waldmeister zu einem Büschel gebunden kopfüber in den Traubensaft hängen, dabei die Stiele nicht zu tief in die Flüssigkeit tauchen; 30 Min im Kühlschrank ziehen lassen und vor dem Trinken mit Mineralwasser aufgießen.

Hinweis: Die Intensität des Waldmeistergeschmacks hängt nur von der Menge ab, nicht von der Länge des Ansetzens. Durch zu langes Ansetzen entsteht ein eher unangenehmer bis bitterer Geschmack mit möglichen Folgen für die Gesundheit.

Süße Waldmännchen: Die Zutaten zu einem glatten Teig verarbeiten. Waldmeister im Mörser mit etwas Kristallzucker zu feinem Pulver zerreiben, harte Stängel entfernen und in den Teig einarbeiten. Männchen formen und 10 Min bei 180 °C backen. Für die Limonen-Zucker-Glasur die Limone auspressen und mit der dreifachen Menge Puderzucker fein verrühren. Frischen Waldmeister im Mörser fein verreiben und zugeben. Die grüne Glasur auf die frisch gebackenen Männchen streichen und mit einem Gesicht aus Waldmeisterblüten versehen.

Springkraut – Rühr-mich-nicht-an

Steckbrief: Großblütiges Springkraut

(Impatiens noli-tangere)
einjährige, krautige Pflanze

Wo zu finden: feuchte Wälder, Auwälder, Schluchten, Halbschatten bis Schatten

Was ist noch besonders:
- Blätter durch Wachsüberzug unbenetzbar
- Bei intensiver Sonne hängen die Blätter schnell wie welk herab.
- Blütensporne enthalten viel Nektar für Hummeln.

Blütezeit: Juni bis September

SPRINGKRÄUTER SIND MANNSHOHE, EINJÄHRIGE SCHATTENBLUMEN MIT LUSTIGEN VERBREITUNGSMECHANISMEN. DAS DRÜSIGE SPRINGKRAUT IST BESONDERS VIELSEITIG VERWENDBAR. AB JUNI SCHIESST ES SO RICHTIG IN DIE HÖHE.

Dreimal Springkraut

In Mitteleuropa gibt es drei verschiedene Springkräuter:

Das Kleinblütige Springkraut mit kleinen, hellgelben Blüten, das Großblütige Springkraut mit viel größeren, goldgelben Blüten und das Drüsige Springkraut.

Letzteres ist das mächtigste und ausbreitungsfreudigste, besonders entlang von Gewässern. Es stammt aus Indien, hat kaum Feinde und verdrängt zunehmend die einheimische Flora. Seine rosafarbenen Blüten riechen schon von weitem stark süßlich

Noli tangere

Der lateinischer Artname des Großblütigen Springkrauts sagt einiges aus: „noli tangere" – „rühr mich nicht an, sonst passiert etwas".

Und was passiert? Wenn die Samen reif sind, sind die Fruchtkapseln sehr dick und durch Zellsaftdruck (Turgor) gespannt.

Durch Berührung, z. B. wenn ein Tier oder Mensch vorbeistreift, reißen die vorgebildeten Nähte der Kapseln blitzschnell auf und lassen die Samen wegspringen. Durch den Druck erreichen die Samen eine Streuweite von bis zu sechs Metern!

EXPERIMENT & SPIEL

Wasserleitung

Springkrautstängel zu knotenlosen Stücken schneiden und zu einer möglichst langen Leitung ineinanderstecken. Die Stängel werden am Ende immer dünner. Mit einer Gießkanne ausprobieren, ob das Wasser durchrinnt. Falls nicht, ist vielleicht noch ein Stängelknoten dabei.

FÜHLEN & EXPERIMENT

Rühr mich doch an ...

... DENN ES IST LUSTIG UND MACHT FAST SÜCHTIG!

Alter: ab 3 Jahren
Material: Springkraut mit samenreifen dicken Fruchtkapseln (ab Juli)

Die Kinder suchen nach dicken, wellig geformten Fruchtkapseln und drücken sie etwas. Sind sie reif genug, springen die tropfenförmigen Samen in hohem Bogen ab. In der Handfläche verbleiben vier Fruchtklappen, die sich zu Schnecken einringeln – der Rest der Frucht. Bei ganz reifen Kapseln reicht schon alleine ein Vorbeistreifen, um diesen lustigen Mechanismus auszulösen.

Weitere Blumen in Wald und Heide

Salomonsiegel – Zauberwurz

Der Wald-Salomonsiegel (Polygonatum mutiflorum) ist an dem zweizeilig beblätterten Stängel, der meist übergeneigt ist, am besten erkennbar. Die Laub- und Mischwaldblume besitzt weisse Blüten, danach schwarze, giftige Beeren und eine geheimnisvolle weisse Wurzel, daher auch Weisswurz genannt.

Blütezeit: Mai bis Juni

Sehen

Das Siegel des Salomon

Auf der Spur von alten Siegeln und Zauberkräften

Alter: ab 6 Jahren
Ort: Waldstelle mit Salomonssiegel
Material: kleine Schaufel; Lupe

Salomonssiegel vorsichtig ausgraben, sodass zumindest ein Teil des unterirdischen Sprosses (Rhizoms) zutage tritt.
Was ist zu sehen? Weiße, verdickte Knollen mit scheibenartigen Vertiefungen ähnlich einem Siegelabdruck.

Woher kommen die Siegel? Wenn ein Blütentrieb im Herbst abstirbt, hinterlässt er eine kreisförmige Narbe mit feinen Löchern (abgetrennte Leitbündel). Diese sieht einem winzigen Siegel mit Gravur sehr ähnlich. König Salomo soll einen Zaubersiegelring besessen haben, daher der Name der Waldblume. Der Zauberring verschaffte ihm die Fähigkeit, u.a. mit Tieren zu sprechen. Überhaupt sieht der Salomonssiegel unter der Erde sehr geheimnisvoll aus und es ist leicht vorstellbar, dass er als Talisman bei den Indianern beliebt war und man ihm gerne Zauberkräfte zusprach. Nach einer alten Sage soll die Wurzel Zugang zu verborgenen Schätzen öffnen.

Sauerklee – Waldglück

DER WALD-SAUERKLEE (OXALIS ACETOSELLA) IST DIE SCHATTENVERTRÄGLICHSTE HEIMISCHE BLÜTENPFLANZE. ER BEDECKT GERNE TEPPICHARTIG WALDBÖDEN IN KRAUTREICHEN WÄLDERN. GUT ERKENNBAR AN DEN WEISSEN, RÖTLICH GEADERTEN BLÜTEN UND DEN KLEE-BLÄTTERN.

Blütezeit: April bis Mai

EXPERIMENT & SCHMECKEN

Saures, empfindsames Glück

WAS DIE BLÄTTCHEN SO ALLES AN SICH HABEN

Alter: **ab 4 Jahren**
Material: **Wald-Sauerklee; Wasserglas**

Sauerklee abpflücken. Was passiert? Die Blättchen legen sich innerhalb weniger Minuten nach unten. Nun in ein Glas mit Wasser stellen. Die Blättchen heben sich schnell wieder.

Warum? Die Normalstellung der Fiederblättchen ist waagrecht. Bei kühleren Temperaturen, Dunkelheit oder starker Sonneneinstrahlung klappen sie in die „Schlafstellung" nach unten. Die Blume macht das mithilfe von Gelenken, die sich am oberen Stängelteil befinden und auf veränderten Zelldruck reagieren. Die Schlafstellung lässt sich gut bei einem Waldspaziergang im Regen, bei Dämmerung oder an einer sehr sonnigen Waldstelle beobachten.

Auch bei stärkeren Erschütterungen reagiert der Sauerklee mit Herunterklappen.

Danach werden die Blättchen gegessen. Sie schmecken erfrischend säuerlich.

Hinweis: In Maßen genießen (Oxalsäure!).

Maiglöckchen – Maiblume

Maiglöckchen (Convallaria majalis) sind eine unbeschreibliche Duftquelle in Laubwäldern. Das Liliengewächs hat hübsche weisse Blütenglöckchen, die sich in bitterbös-giftige rote Beeren verwandeln.

Blütezeit: Mai bis Juni

Hinweis: Alle Teile des Maiglöckchens sind sehr giftig. Die Blätter sehen jenen des Bärlauchs sehr ähnlich, riechen aber nicht nach Knoblauch. Für Kinder sind die roten Beerenfrüchte besonders gefährlich. Schon kleinste Mengen führen zu Brechdurchfall.

Basteln

Duftende Glücksbringer

Am 1. Mai schenken sich viele Menschen in Frankreich gegenseitig Maiglöckchen als Glücksbringer. Die Glöckchen sind sogar getrocknet noch hübsch! Hier die noch haltbarere Variante.

Alter: ab 6 Jahren
Material: weiße Pralinen-Backförmchen; Blumendraht; festerer Draht + hellgrünes Krepppapierband (Tape-Band) oder grüner Papierdraht; Tonpapier oder Moosgummi in Hellgrün; Schere; Watte; gutes Parfüm; Bastelkleber; Nadel

Ein ca. 20 cm langes festes Drahtstück mit Krepppapierband umwickeln oder grünen Papierdraht als Grundstängel nehmen; Backförmchen zu Glöckchen formen und festkleben. Kurze Drahtstücke zu einem leichten Bogen biegen und am Grundstängel mithilfe von Blumendraht befestigen. Sichtbare Drahtstücke mit Tapeband umwickeln; an der Spitze der Drahtstücke jeweils ein Glöckchen (mit der Nadel durchstechen und mit etwas Kleber befestigen). Zwei große Maiglöckchen-Blätter aus Karton oder Moosgummi ausschneiden und mit Tapeband am Stängelgrund fixieren. In das Innere der Glöckchen kleine Watteböllchen kleben und mit Parfüm beduften.

Blumen-Ideen für alle Sinne

Farbe, Form, Duft und Geschmack – jede Blume ist anders. In diesem Kapitel werden alle Blumen zu einem bunten Strauß an sinnlichen Ideen vereint. Hier wird geschmeckt, gerochen, geschmückt, gefühlt, konserviert, geformt – alles das, was Kinder an Blumen anspricht.

SPIEL & SEHEN

Mister und Misses Blume

WER SCHMÜCKT SICH AM SCHÖNSTEN? NUR BLUMEN (UND IHRE BLÄTTER) SIND ERLAUBT!

Alter: ab 3 Jahren
Material: diverse Blüten; Spiegel

Die Kinder schmücken sich mit Kränzen, Ketten und Ringen (siehe Aktionen S. 31, 68, 71). Einzige Bedingung: Es dürfen nur Naturmaterialien verwendet werden – kein Draht, Bindfaden oder Klebstoff.

Beispiele: Gänseblümchen-Fingerring, Margeritenkranz, Phlox-Kette, Hahnenfußblüten-Ohrring, Mohnwangen, Schafgarben-Blätter als Augenbrauen, Ringelblumen- oder Margeritenblütenblätter als „Kriegsbemalung" ...

Hinweis: Natürlichen Klebstoff bietet Löwenzahnmilch!

SCHMECKEN

Gutziblumen

DIE ROLLE DER BIENE ÜBERNEHMEN

Alter: ab 3 Jahren (unter Aufsicht von Erwachsenen!)
Material: essbare Blumen in der Umgebung (Ackersenf, Bärlauch, Begonie, Beinwell, Blut-Weiderich, Borretsch, Dahlie, Fuchsie, Gänseblümchen, Gundermann, Herbst-Aster, Indianernessel, Kapuzinerkresse, Königskerze, Löwenmaul, Malve, Margerite, Nachtkerze, Phlox, Ringelblume, Rose, Rot- oder Sauerklee, Schafgarbe, Schlüsselblume, Taglilie, Taubnessel, Thymian, Veilchen, Wegwarte, Weidenröschen, Wiesenklee, Wiesensalbei, Wiesen-Schaumkraut); Butter; Brot

Die Kinder machen sich gemeinsam mit Erwachsenen wie Bienen auf Nektarsuche. Die „genehmigten" Blumen werden anschließend verkostet, Zucker ausgesaugt und/oder aufs Butterbrot gestreut.

Fühlen & Gärtnerei

Blumenbomben

Die Welt blumiger machen …

Alter: **ab 4 Jahren**
Material: **lehmige Erde oder Tonerde; Blumensamen gemischt; etwas Wasser; Seidenpapier; Geschenksband**

Einen Klumpen Erde mit wenig Wasser mischen, bis er gut formbar wird. Den Klumpen zu einer Schüssel drücken, in die Mitte ca. 1 Teelöffel Blumensamen geben und die Schüssel schließen. Das Ganze zu einem Kloß formen und gut trocknen lassen. Bombe in Seidenpapier wickeln und mit Schleife umwickeln. Entweder verschenken oder selber ausziehen und blumenarme Standorte (Stadt!) mit Bomben versorgen.

Sind von einer Blume besonders viele Samen vorrätig, lassen sich z. B. auch Mohn- oder Sonnenblumenbomben formen. In entsprechender Blüten-Farbe (rot, gelb, …) eingewickelt sieht das sehr hübsch aus.

Variante

Zu Ostern Blumenbomben in Eierform herstellen: Samengefüllte Erdklumpen eiförmig formen, trocknen lassen, mit verschiedenfarbigem Seidenpapier umwickeln und festkleben. Die bunten „Eier" in ein Osternest legen.

Hinweis: Besonders ergiebige Blumensamenspender sind Mohnblumen, Akeleien, Malven, Sonnenblumen, Mondviolen, Prachtwinden, Tagetes, Löwenzahn, Disteln, Springkraut und Vergissmeinnicht.

Riechen & Spiel

Nachtschwärmer

Dem Duft auf der Spur

Alter: **ab 3 Jahren**
Material: **Taschentücher (Papier oder Stoff); stark riechende Blumen (z.B. Nachtviolen, Rosen, Nelken, Lavendel …) bzw. Kräuter oder Gewürze; Bindfaden**

Je zwei Taschentücher mit dem gleichen Duft füllen und zu Beuteln zusammenbinden. Es gibt so viele Düfte wie mitspielende Kinder. Von jedem Duft muss es zwei Beutel geben. Jedes Kind bekommt einen Beutel, den es beschnuppert. Die anderen Beutel werden im Raum an verschiedenen Stellen aufgehängt. Die Kinder schwärmen aus, „fliegen" von Duftbeutel zu Duftbeutel und suchen „ihren" Duft. Am Ende des Spiels hat jedes Kind das richtige Duftbeutelpaar.

Variante

Ältere Kinder werden zu echten „Nachtschwärmern": Im verdunkelten Zimmer ist es schwieriger, auf den richtige Duft zu kommen.

Anhang

Kopiervorlagen

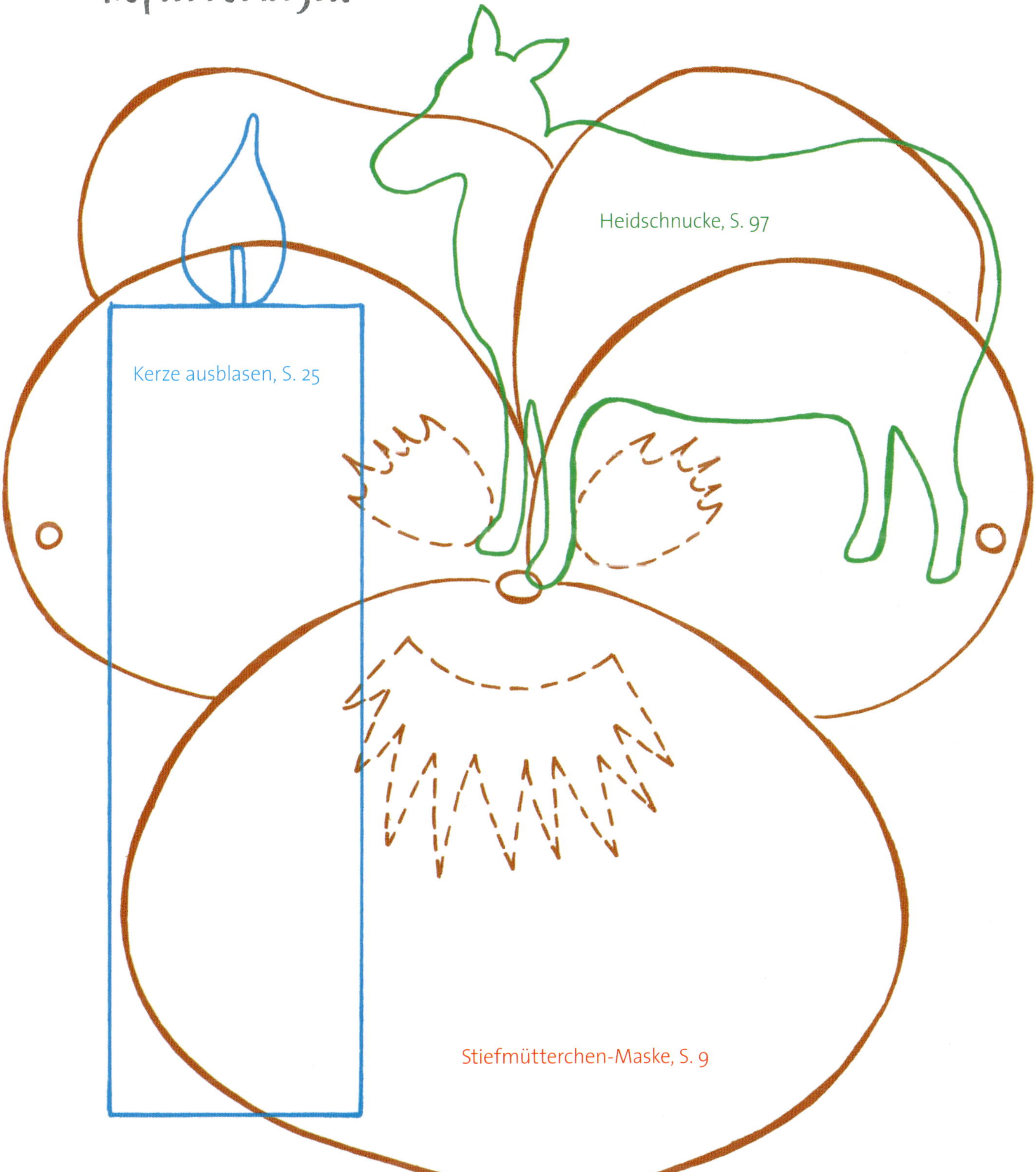

Register

Basteln	Sehen	Spiel	Experiment	Kunst	Riechen	Schmecken	Fühlen	Geschichte	Gärtnern	Hören	Aktion	Seite
●											Laternenkette	46
	●			●							Leuchtstift aus der Natur	29
	●			●	●						LöwenzahnArt	24
	●	●			●						Lustvolle Zerlegung	84
		●							●		Magie verstreuen	41
					●	●					Maiwaldsprudel oder süße Waldmännchen	99
●											Margeritenkunst	71
			●			●					Maul auf, Löwe oder Affe!	16
	●	●									Mister und Misses Blume	105
			●	●							Mohntinte	80
		●									Multikulturelle Blume	94
		●			●						Nachtschwärmer	106
		●									Nektar-Fangen	43
	●	●									Oma in der Badewanne	48
	●	●									Pfahlbau	30
										●	Pflanzenklapper	75
		●									Raps-Rap	87
		●									Rasenmühle	27
			●								Rosa getupfte Glocken	73
					●	●					Rosiges für Süßschnäbel	37
	●						●				Rote Knitterseide	79
			●				●				Rühr mich doch an ...	101
										●	Sage vom hartnäckigen Mädchen	63
									●		Samentütchen	94
		●					●				Sandkastenmenü „Gasthaus Löwenzahn"	23
			●			●					Saures, empfindsames Glück	103
						●					Schafzungen mit Weg-limonade	61
		●									Schaumkraut im Wind	66
			●						●		Schneckenhausgärtchen	17
		●									Schneeweißchen & Rosenrot	38
					●	●				●	Schöne Träume mit der Wiesenkönigin	76
●											Seidenpüppchen	79
●											Serviettenrose	38
●											Silberlinge-Vielfalt	43
		●			●	●					Sommerkette ohne Nadel und Faden	50
●		●									Steckstängel	49
			●								Stehaufblümchen	93
	●		●								Sternchenexplosion	55

Basteln	Sehen	Spiel	Experi-ment	Kunst	Riechen	Schme-cken	Fühlen	Ge-schichte	Gärt-nern	Hören	Aktion	Seite
●		●									Stiefmütterchen-Maske	9
	●									●	Streubüchse	81
	●										Such mich!	60
			●	●							Tagetes-Gelb	18
		●		●							Taler, Knöpfe und Tüpfel	57
●		●									Turban und Knülltulpe	34
●											Unvergesslicher Stein	94
	●		●								Versilbern	43
●											Versunkene Pusteblumen	25
●											Vom Bäumchen, das andere Blätter wollte	13
	●										Von „Fünf Vogerl zsamm" bis Elfenschuh	40
	●	●									Von Stiefeltern zum kleinen Mann	8
								●			Warum der Mohn blutrot ist	80
							●				Waschblume	62
	●	●	●								Wasserkränzchen	31
		●	●								Wasserleitung	101
●											Wertvolle Fläschchen	82
					●						Wurzelduft	28
			●						●		Wurzelsperre	47
	●								●		Zähnefletscher	84
	●										Zart aber standfest	66
			●								Zaubertulpen	35
					●	●	●				Zucker & Salz	11

Die Autorin

Leonore Geißelbrecht-Taferner ist promovierte Botanikerin und arbeitet als Bibliotheksleiterin und Organistin in ihrem Wohnort Eferding (Oberösterreich). Freiberuflich schreibt und illustriert sie Kinderbücher sowie Natur-Sachbücher und betätigt sich als Naturführerin, Leiterin von Pflanzen-Werkstätten und Literaturvermittlerin, insbesondere für Kinder.

Im Ökotopia-Verlag sind von ihr bereits „Die Garten-Detektive“, „Die Gemüse-Detektive“, „Die Kräuter-Detektive“, „Die Früchte-Detektive“ und die „Baum-Detektive“ erschienen.

Die Illustratorin

Irene Brischnik hat schon früh ihre Liebe zu Büchern entdeckt und fand bereits im Jugendalter durch ihren Großvater zur Malerei. Nach langjähriger Berufstätigkeit als Grafikerin in einem Verlag erfüllte sie sich ihren Lebenstraum und arbeitet seitdem als selbstständige Illustratorin.

Der Schwerpunkt ihrer Arbeit liegt in den Altersbereichen Kindergarten und Volksschule. Sie lebt mit ihrer Familie in Weiz (Österreich).

ökotopia

Jeden Tag wachsen

Antje Hemming

STERNSTUNDEN IM WALD

Den Wald von Frühling bis Winter mit Kindern fantasievoll erleben und erkunden

ISBN 978-3-86702-142-5

Leonore Geißelbrecht-Taferner

DIE GEMÜSE-DETEKTIVE

Bohne & Co. auf der Spur – mit vielfältigen Experimenten, Spielen, Bastelaktionen, Geschichten und Rezepten durch das Jahr

ISBN 978-3-86702-015-2

Bärbel Faschingbauer

KITA-GARTEN KREATIV

Naturaktionen, Gärtner- und Gestaltungsideen für Kita und Grundschule

ISBN 978-3-86702-349-8

Leonore Geißelbrecht-Taferner

DIE BAUM-DETEKTIVE

Ahorn und Zitterpappel auf der Spur in Wald, Park, Schulhof & Kita-Garten

ISBN 978-3-86702-291-0

Antje und Burkhard Neumann

WALDFÜHLUNGEN

Das ganze Jahr den Wald erleben – Naturführungen, Aktivitäten und Geschichtenfibel

ISBN 978-3-931902-42-1

Leonore Geißelbrecht-Taferner

DIE KRÄUTER-DETEKTIVE

Von Brennnessel bis Zitronenmelisse den Kinderkräutern auf der Spur – mit vielfältigen Experimenten, Spielen, Bastelaktionen, Geschichten und Rezepten durch das Jahr

ISBN 978-3-86702-079-4

Kathrin Saudhoff, Birgitta Stumpf

MIT KINDERN IN DEN WALD

Wald-Erlebnis-Handbuch – Planung, Organisation und Gestaltung

ISBN 978-3-931902-25-4

Leonore Geißelbrecht-Taferner

DIE FRÜCHTE-DETEKTIVE

Frechen Früchtchen auf der Spur – mit vielfältigen Experimenten, Spielen, Bastelaktionen, Geschichten und Rezepten durch das Jahr

ISBN 978-3-86702-170-8

Bleiben Sie in Kontakt

www.oekotopia-verlag.de